# CONCENTRÉ DE CERVEAU

## Biographie

R. L. Stine est né en 1943 à Colombus aux États-Unis. À ses débuts, il écrit des livres interactifs et des livres d'humour. Puis il devient l'auteur préféré des adolescents avec ses livres à suspense. Il reçoit plus de 400 lettres par semaine ! Il faut dire que, pour les distraire, il n'hésite pas à écrire des histoires plus fantastiques les unes que les autres. R. L. Stine habite New York avec son épouse Jane et leur fils Matt.

## Avis aux lecteurs

**Vous êtes nombreux à écrire à l'auteur de la série Chair de poule et nous vous en remercions. Pour être sûrs que votre courrier arrive, adressez votre correspondance à :**

**Bayard Éditions Jeunesse**
**Série Chair de poule**
**3, rue Bayard**
**75008 Paris.**

**Nous la transmettrons à R. L. Stine.**

# Chair de poule®

# CONCENTRÉ DE CERVEAU

R.L. STINE

TRADUIT DE L'AMÉRICAIN
PAR YANNICK SURCOUF

SIXIÈME ÉDITION
BAYARD JEUNESSE

Titre original
GOOSEBUMPS series 2000 n°12
*Brain Juice*


Loi n° 49-956 du 16 juillet 1949
sur les publications destinées à la jeunesse
Dépôt légal février 2001

ISBN : 2 747 001 54 7

*Impression réalisée sur CAMERON par BRODARD ET TAUPIN*
*La Flèche en mai 2004*
N° d'impression : 23859

## Avertissement

Que tu aimes déjà les livres ou que tu les découvres, si tu as envie d'avoir peur, **Chair de poule** est pour toi.

**Attention, lecteur !**
Tu vas pénétrer dans un monde étrange où le mystère et l'angoisse te donnent rendez-vous pour te faire frissonner de peur... et de plaisir !

# PROLOGUE

– On perd notre temps ici, Morggul, chuchota le grand extraterrestre.
Sa première bouche grimaçait pendant que la seconde parlait.
– Ne sois pas si impatient, Gobbul, grommela son compagnon.
Les deux créatures avaient la peau verte et luisante. Quatre longs tentacules se déployaient autour de leur corps en forme de poire. Leurs jambes, courtes et épaisses, étaient dotées de pieds noirs avec huit orteils fourchus.
Une tête de grenouille surmontait ce corps informe et grassouillet. Ils étaient d'une laideur repoussante et une lueur cruelle brillait dans leurs gros yeux vitreux aux pupilles jaunâtres.
Des alvéoles pourpres palpitaient le long de leurs tentacules. Ils s'ouvraient et se fermaient en cadence avec un léger chuintement, permettant aux extraterrestres de respirer.

Gobbul était le plus grand des deux ; c'était lui le chef. Deux longues dents argentées en forme de sabre encadraient ses bouches. Morggul était plus gros et moins vif. Ses quatre tentacules ondulaient mollement en permanence, comme s'il nageait.

Les deux extraterrestres se cachaient depuis une semaine dans la maison du docteur Franck Leroy, à Mapplewood, dans le New Jersey. Quand ils n'espionnaient pas le célèbre scientifique, Morggul dormait et Gobbul se faisait du tracas.

– On ne peut pas rester plus longtemps sur cette planète, chuchota-t-il nerveusement. Les Terriens vont finir par trouver notre vaisseau. Ils l'emporteront pour l'étudier, et on restera à jamais dans cet horrible endroit !

– Le vaisseau est bien caché dans la forêt, lui rappela Morggul.

– Je ne veux pas rester bloqué ici, s'emporta Gobbul.

Il se mit à lécher ses défenses argentées, comme à chaque fois qu'il s'énervait.

– Tu te vois vivre sur une planète où on tue les animaux avant de les manger ?

– C'est une civilisation primitive, objecta Morggul. Ils ne sont pas très intelligents.

– Oui, je sais, grogna Gobbul. On est là pour juger si les humains peuvent faire de bons esclaves. Mais j'ai des doutes.

Morggul bâilla soudain, et tous les alvéoles de ses tentacules s'ouvrirent en même temps. Le souffle qui en jaillit fit trembler les étagères du débarras où ils se cachaient. Gobbul lança un regard inquiet vers la porte donnant sur la cuisine :

– Chuut ! Tu ne veux quand même pas que le docteur Leroy nous découvre ?

Morgull ricana, et son corps tressauta comme un tas de gelée.

– Il ne me fait pas peur, déclara-t-il avec un regard mauvais. S'il me trouve, je plonge un tentacule dans sa poitrine, et je lui dévore le cœur.

– Arrête, tu me donnes faim ! dit Gobbul en se pourléchant les babines.

– J'espère qu'on est à la bonne adresse ! soupira Morggul.

– Oui, affirma Gobbul sans aucune hésitation. C'est le plus intelligent de tous les humains. Tu as vu la plaque sur la porte ? C'est marqué : « Professeur Franck Leroy, laboratoire de sciences expérimentales ». Tu as remarqué son nom ? Leroy ! Ça veut dire que c'est le roi des scientifiques !

– Je sais, grommela Morggul. C'est bien pour ça qu'on l'espionne. Mais lui et sa femme n'ont pas l'air si fins que ça. Et ils ne sont plus très jeunes.

– On sera peut-être obligés d'employer l'activateur d'intelligence, murmura le chef. On doit ramener deux esclaves humains. Et il faut qu'ils soient jeunes, forts et malins. Suffisamment intelligents pour nous servir.

– Où allons-nous les dénicher si ces deux-là ne vont pas ? demanda Morggul.

Gobbul allait répondre quand le carillon de la porte d'entrée retentit.

– Chuut ! fit-il. Le professeur Leroy a des visiteurs. Vite, cachons-nous !

# 1

Nathan Nichols pressa le bouton de la sonnette et recula d'un pas sous l'auvent en chaume du toit. La petite mélodie du carillon résonna dans la maison de son oncle.

Nathan se tourna vers Lindy, sa demi-sœur :

– Tu es sûre que c'est une bonne idée ?

Lindy jouait nerveusement avec une mèche de ses cheveux auburn en contemplant la plaque de cuivre sur la porte : « Professeur Franck Leroy, laboratoire de sciences expérimentales ».

– Si l'oncle Franck ne peut pas nous aider, je ne vois pas qui le fera.

– Il va peut-être nous trouver stupides.

– Comme tous les autres avant lui, soupira Lindy.

– Mais que peut-il faire ? demanda Nathan. Toi et moi… on ne sera jamais des génies.

– L'oncle Franck est la personne la plus intelligente que je connaisse, répondit Lindy en enroulant sa mèche autour de son doigt. Il nous aidera, j'en suis sûre.

Ils entendirent des pas qui s'approchaient de l'entrée. Lindy lâcha sa mèche et Nathan se racla la gorge avec nervosité. Il enfonça ses mains dans les poches de son blouson.

Nathan et Lindy avaient douze ans tous les deux. Mais avec ses cheveux noirs, ses yeux sombres et ses lunettes d'écaille, Nathan paraissait plus âgé.

Lindy était grande et élancée. Tout le monde la trouvait belle avec ses cheveux longs et ses yeux d'un vert lumineux, mais elle n'aimait pas son nez trop plat et son visage rond.

La mère de Lindy avait épousé le père de Nathan quand ils avaient tous deux cinq ans, et depuis ils étaient aussi proches qu'un frère et une sœur.

« Trop proches, songea Lindy. On finit par se ressembler. Si au moins l'un de nous deux était intelligent ! »

Finalement la porte d'entrée s'ouvrit et l'oncle Franck apparut sur le seuil. Aussitôt, ses grosses joues rondes rosirent de plaisir.

– Quelle bonne surprise, les enfants !

Avec ses larges épaules, son gros ventre qui tressautait quand il riait et sa masse de cheveux blancs en bataille, il avait tout du Père Noël.

L'oncle Franck était toujours vêtu de blanc : sweat-shirt et pantalon de jogging, ou blouse blanche quand il travaillait.

– Hé, Jenny ! Viens voir qui nous rend visite ! lança-t-il à sa femme.

Il recula légèrement pour les laisser entrer.

Une bonne odeur de cuisine flottait dans la maison.

– Vous êtes en train de dîner ? demanda Nathan.

– Nous avons terminé, la table est déjà débarrassée.

L'oncle Franck les entraîna au salon :

– Alors ? Qu'est-ce qui me vaut le plaisir de votre visite ?

– Eh bien, euh…, fit Nathan en se tournant vers sa demi-sœur.

Lindy poussa un profond soupir :

– C'est une longue histoire. Nos problèmes ont commencé le jour où M. Tyssling, notre prof principal, nous a demandé de rester après le cours.

# 2

– Mais on n'a rien fait ! protesta Lindy ce jour-là.
– Je sais bien, répondit M. Tyssling avec un léger sourire.
John Tyssling était un grand jeune homme maigre, qui avait toujours l'air mal rasé. Il portait des jeans et de vieux sweat-shirts élimés au col. La majorité des élèves le trouvait sympa.
Nathan et Lindy l'aimaient bien, eux aussi, même si, depuis quelque temps, il leur mettait la pression.
M. Tyssling les fit asseoir devant son bureau et tapota une pile de copies.
– Voilà, dit-il en sortant deux feuilles.
Il gratta ses cheveux noirs et les observa tour à tour.
– Vous avez tous les deux raté le devoir trimestriel de maths.
Nathan avala sa salive et Lindy baissa la tête.
– Je n'arrive pas à croire que vous ayez pu échouer à ce point, reprit leur prof en secouant la tête. C'est incroyable, vous n'avez pas fait ça tout seuls ! Vous

avez dû tricher !
Nathan et Lindy restèrent muets, et M. Tyssling eut un petit rire :
– C'était une blague ! J'essaie de dédramatiser. Je sais bien que vous n'avez pas triché.
– Oh…, fit Nathan.
Lindy se mit à enrouler nerveusement une mèche autour de son doigt.
M. Tyssling se pencha à nouveau sur les copies :
– Alors ? Que s'est-il passé ?
– On n'est pas doués en maths ! lâcha brusquement Lindy.
– C'était trop dur, plaida Nathan.
– J'avais distribué des fiches de révision. Vous les avez utilisées ?
– Oui ! répondirent en chœur Nathan et Lindy.
– On a tout révisé, insista Lindy.
– C'était trop dur, répéta Nathan avec obstination.
Leur professeur les regarda longuement :
– Vous en avez parlé à vos parents ? Vous auriez peut-être besoin de cours de soutien ?
– Peut-être, murmura Lindy.
– On n'est pas assez intelligents, c'est tout, soupira Nathan.
– Je t'interdis de dire ça, Nathan ! s'exclama M. Tyssling. Comment ça, vous n'êtes assez intelligents ! Vous avez seulement besoin d'étudier mieux et de travailler plus !
– D'accord, céda Nathan, un peu surpris par la réaction de son professeur.

Quelques minutes plus tard, Lindy et lui étaient en route vers leur maison. C'était une froide journée d'hiver, balayée par la bourrasque. Une violente rafale envoya la casquette de Nathan rouler dans la rue et il dut courir pour la rattraper.
Des rires moqueurs s'élevèrent dans son dos. Nathan se retourna : Ellen Hassler, Wardell Greene et Stan Garcia se tordaient de rire en le désignant.
« Voilà les grosses têtes », songea Nathan avec amertume. Il vissa sa casquette de base-ball sur son crâne et garda une main dessus en accélérant le pas pour rejoindre sa sœur.
Ellen, Wardell et Stan n'obtenaient que des 18/20. M. Tyssling les appelait au tableau pour qu'ils résolvent les équations les plus compliquées.
Ils étaient inséparables. C'était comme s'ils avaient fondé une sorte de club des génies, où seuls les élèves doués étaient admis.
– Pourquoi on ne serait pas intelligents, nous aussi ? murmura Nathan.
Lindy fronça les sourcils :
– Qu'est-ce que tu racontes ? demanda-t-elle.
– Ce que j'ai dit à M. Tyssling était vrai, poursuivit-il. On n'est pas assez doués. Pourquoi on ne serait pas comme eux ?
Il désigna le groupe de l'autre côté de la rue.
– Ce sont tous des génies !
Lindy haussa les épaules et remonta le zip de son coupe-vent rouge et blanc.
– Je me fiche d'être un génie. Tout ce que je veux,

c'est réussir en maths !
Brenda, leur petite sœur âgée de cinq ans, les attendait à la maison. Brenda était la version miniature de Lindy. Mêmes yeux verts, même teint pâle et de longs cheveux auburn.
– Qu'est-ce que vous faisiez ? J'attends, moi ! protesta-t-elle en croisant les bras.
Elle était à genoux sur le tapis du salon, au milieu de petits éléments en plastique coloré.
– On a dû rester après les cours, répondit Lindy avec un soupir las.
Elle jeta son sac à dos sur un fauteuil.
– C'est quoi, ce bazar ? demanda Nathan.
– Ce n'est pas un bazar ! protesta Brenda. C'est ma nouvelle maison de poupée. J'attendais que Lindy rentre pour qu'elle m'aide à la monter.
– Et pourquoi Lindy ? s'exclama Nathan. Pourquoi tu ne me demandes pas à moi ?
– Parce que tu es bête, répondit Brenda sans hésitation.
– Hé ! protesta le grand frère, blessé dans son amour-propre.
Lindy pouffa de rire, pendant que Brenda continuait :
– Tu es nul ! Tu te souviens de la maquette de voiture que tu voulais construire ?
– Il y avait trop de pièces, grommela Nathan.
– Oui… et tu les as toutes collées à ton bureau, lui rappela malicieusement Lindy.
Les deux filles éclatèrent de rire.
– Ce n'est pas ma faute si le tube de colle était percé.

– En tout cas, je préfère que ce soit Lindy qui me donne un coup de main, insista Brenda.
Elle se tourna vers sa sœur et ajouta :
– Maman a dit que tu m'aiderais.
– D'accord, d'accord, céda Lindy en s'agenouillant sur le tapis. Voyons un peu ce que nous avons là. Hé ! Il y a un million de pièces !
Nathan alla s'asseoir dans un fauteuil, une jambe par-dessus l'accoudoir :
– Allez, la fée du bricolage, montre-nous ce que tu sais faire !
– Mais tais-toi ! lança Brenda.
– Tais-toi toi-même ! riposta Nathan.
Il était de très mauvaise humeur. Visiblement, il n'avait pas apprécié que sa petite sœur le traite de nul.
Lindy prit la notice et parcourut rapidement les instructions.
– Il y a trop d'éléments, murmura-t-elle en fronçant les sourcils. Tu es sûre qu'il n'y a qu'une seule maison ?
– Mais oui ! Construis-la ! s'impatienta Brenda.
Lindy étudia le plan. Une fois déplié, il était aussi grand qu'une carte routière.
– Je... je ne sais pas par où commencer, avoua-t-elle bientôt.
– Ça, on dirait le sol, suggéra Brenda en lui tendant un long rectangle de plastique bleu.
– D'accord, on commence par le sol, fit Lindy en s'efforçant de repérer l'élément sur le plan.

Elle trouva deux pans de mur jaunes.
– Ça devrait s'emboîter, murmura-t-elle pour elle-même. Mais comment on fait ?
Elle tenta de les fixer sur les glissières qui entouraient le sol. Ça ne marcha pas. Elle essaya avec deux autres, sans plus de succès.
– Ce sont des plafonds ! protesta Brenda.
Nathan applaudit avec un rire réjoui.
– D'accord, Monsieur l'ingénieur, s'énerva Lindy. Montre-nous comme tu es doué. Moi, j'abandonne.
Nathan s'avança lentement dans la pièce d'une démarche assurée.
– Ça m'a l'air fastoche, commenta-t-il.
Il s'agenouilla à son tour sur le tapis et prit le sol des mains de Lindy ; mais lui non plus ne trouva pas les murs qui convenaient. Finalement, Lindy proposa de commencer par le toit et de descendre.
Mais le toit était composé de trois éléments, et aucun des enfants ne trouva le moyen de les assembler.
– Finalement, c'est compliqué, avoua Nathan en ébouriffant ses cheveux bouclés.
Il ôta ses lunettes, les essuya, et reporta son attention sur les morceaux de plastique éparpillés devant lui.
– Regardez, les murs ont des petites languettes, dit-il. En poussant vraiment fort…
CRAAAC !
Tout le monde sursauta quand le plastique se brisa.
– Tu l'as cassé ! hurla Brenda en se relevant brus-

quement. Tu es nul ! Vous êtes vraiment trop bêtes tous les deux ! Je vais le dire à maman !
Et elle partit s'enfermer dans sa chambre en pleurnichant.
Nathan se tourna vers sa sœur.
– On n'a pas été bons, soupira-t-il.
– Ces instructions sont illisibles ! s'emporta Lindy. C'est trop compliqué !
Elle froissa rageusement le plan et le jeta par terre.

– Et c'est vrai qu'on est stupides, conclut-elle avec amertume.
Quand Lindy eut fini son récit, l'oncle Franck la regarda avec étonnement :
– Et c'est pour ça que vous êtes venus me voir ? Parce que vous vous trouvez bêtes ?
– Oui, confirma Nathan en remontant ses lunettes sur son nez.
Lui et Lindy n'avaient pas touché aux cookies que leur tante, Jenny, avait apportés au salon. Ils étaient tous deux assis devant leur oncle et gigotaient, mal à l'aise.
– On n'est peut-être pas totalement stupides, concéda Lindy, mais on n'est pas doués non plus.
– On n'est pas assez intelligents, en tout cas, ajouta Nathan.
L'oncle Franck demeura silencieux un instant, puis il se racla la gorge :
– Et en quoi puis-je vous aider ?
– Eh bien..., hésita Nathan.

– Tu es le génie de la famille, intervint Lindy. Et tu es un scientifique, n'est-ce pas ?
L'oncle Franck acquiesça de la tête, l'encourageant à poursuivre.
– Et tu travailles sur le cerveau ?
Il approuva à nouveau.
– Alors…, reprit Nathan, on s'est dit que tu aurais peut-être un moyen pour nous rendre plus intelligents, Lindy et moi.
– Est-ce que c'est possible ? ajouta Lindy avec espoir. Est-ce qu'il y a une solution ?
L'oncle Franck se frotta pensivement les joues.
– Oui, dit-il finalement. J'ai quelque chose qui pourrait marcher.
– Quoi donc ? demandèrent Nathan et Lindy, vivement intéressés.

# 3

L'oncle Franck se penchait en avant sur son siège pour répondre quand, brusquement, il se tourna en direction de la cuisine.

– Vous avez entendu ? demanda-t-il en fronçant les sourcils. Oh... ce doit être Jenny.

Il secoua la tête avec un petit sourire :

– C'est étrange. Depuis quelque temps, j'ai l'impression d'être observé sans cesse.

– Bizarre, fit Lindy en regardant à son tour vers la cuisine.

Elle ne remarqua rien d'anormal. L'oncle Franck haussa les épaules :

– Tous les scientifiques doivent penser qu'on cherche à voler leurs secrets.

Il remonta les manches de son sweat et renversa la tête en arrière, plongé dans une intense réflexion.

– Alors, tu vas nous aider ? insista Lindy.

– Oui... oui, je crois, répondit-il après un long silence.

Nathan se redressa sur sa chaise :
– Un truc qui va nous rendre plus intelligents, Lindy et moi ? Vraiment ?
L'oncle Franck approuva :
– J'ai travaillé là-dessus, mais…
Il regarda à nouveau derrière lui avec des airs de conspirateur.
– Mais c'est top secret… Et puis, ça peut être dangereux…
Lindy sursauta, et Nathan avala péniblement sa salive.
– Je ne sais pas, c'est peut-être trop risqué, reprit doucement leur oncle.
– Mais ça marche ? le pressa Nathan.
– Oh oui, répondit le scientifique. Je l'ai testé plusieurs fois. Je ne vous le proposerais pas sinon…
– Alors, on peut l'essayer ? demanda Lindy.
Leur oncle réfléchit pendant un temps qui leur parut interminable. Enfin, il se leva d'un bond :
– C'est d'accord ! Nous allons essayer !
Il leur demanda de rester au salon et disparut en chantonnant dans son laboratoire. Il en ressortit quelques minutes plus tard, toujours chantonnant, et s'enferma dans la cuisine.
Sa femme leva la tête de la liste de courses qu'elle était occupée à établir. C'était une petite femme blonde aux grands yeux noisette, toujours souriante.
– Alors, Franck ? Tu as terminé cet entretien top secret ? Je peux aller les voir maintenant ? demanda-t-elle avec l'air amusé.

Le scientifique lui enjoignit de parler plus bas et se dirigea vers le débarras. Il se mit à fouiller l'étagère des boissons et conserves. Jenny vint le rejoindre.
– Qu'est-ce qui se passe ? s'inquiéta-t-elle. Pourquoi sont-ils là ?
Franck poussa un soupir satisfait en dénichant une petite bouteille de jus de raisin. Il se tourna vers sa femme :
– Nathan et Jenny se sont mis en tête qu'ils étaient stupides.
– Comment ?
– Eh oui, fit-il avec un sourire désolé. Ils se plaignent de ne jamais rien réussir et ils m'ont demandé si j'avais quelque chose pour les rendre plus intelligents.
– J'espère que tu leur as dit qu'ils étaient très malins et qu'ils n'avaient pas à se faire de souci ?
Franck posa un doigt sur la bouche de sa femme :
– Je vais faire en sorte de leur redonner confiance. Car c'est bien leur problème : ils n'ont aucune confiance en eux, et ils se sous-estiment.
– Et que comptes-tu faire avec ça ? demanda Jenny en posant les yeux sur le jus de raisin.
– C'est une ruse, confia-t-il. Je suis allé au labo et j'ai imprimé une étiquette sur mon ordinateur.
Il la sortit de sa poche. C'était marqué : « Concentré de cerveau ».
– Du Concentré de cerveau ? releva Jenny en fronçant les sourcils.
Franck eut un petit rire malicieux :

– Je vais leur faire croire que c'est un élixir secret qui rend plus intelligent. Bien sûr, ce n'est que du jus de raisin. Mais ça va les aider. S'ils sont persuadés qu'ils sont intelligents, ils le deviendront.
– Ça vaut la peine d'essayer, admit Jenny.
Elle alla s'occuper de Lindy et Nathan, pendant que son mari mettait son stratagème au point.
Le professeur Leroy colla avec soin son étiquette sur celle de la bouteille.
« C'est parfait, se dit-il avec un sourire satisfait. Nous voilà en présence d'un flacon de Concentré de cerveau. »
Il allait l'emporter au salon quand le téléphone sonna dans son laboratoire. Le scientifique déposa la bouteille sur la table et se précipita pour répondre.
À peine avait-il tourné les talons que les deux extraterrestres sortirent du débarras où ils se cachaient. Ils avancèrent dans la cuisine, laissant derrière eux des traces visqueuses sur le carrelage.
– C'est notre chance, mais il faut faire vite ! chuchota Gobbul en surveillant la porte fermée donnant sur le salon.
– Tu as vu les autres humains ? dit Morggul avec excitation. Ils ont l'air jeunes et forts. Si, en plus, on peut les rendre intelligents, ils feront d'excellents esclaves.
– Peut-être, déclara Gobbul en enroulant un tentacule autour du flacon de jus de raisin. Nous verrons bien…
Il se mit à dévisser le bouchon. Morgull le rejoignit,

souillant le sol à chaque pas :
– Si on emporte les enfants comme esclaves, je veux dévorer le scientifique. Et sa femme. Je veux les manger vivants. La viande est bien meilleure quand elle crie.
– Cesse de penser avec tes estomacs, grommela Gobbul. On a encore du travail à faire.
Il alla vider le jus de raisin dans l'évier et prit une fiole dans une des poches de son ventre.
– C'est notre dernière dose d'activateur d'intelligence, commenta-t-il en versant le liquide pourpre dans le flacon du scientifique. Espérons que ça va fonctionner.
Il revissa le flacon et alla le reposer sur la table.
– Vite, retournons dans le débarras, dit-il en poussant Morgull vers leur cachette.
Avant de quitter la cuisine, Morgull jeta un dernier regard sur la fiole.
– On n'a encore jamais essayé l'activateur sur des humains. Il y aura peut-être des effets secondaires… Si ça se trouve, on va les tuer.
Gobbul poussa son acolyte à coups de tentacule.
– On verra bien, conclut-il.

# 4

Le professeur Leroy regagna la cuisine et reprit son flacon. Il allait retrouver Nathan et Lindy dans le salon quand il faillit glisser. Le sol était maculé de petites flaques.

Le professeur se baissa avec un grognement et effleura la substance.

– C'est gluant, commenta-t-il pour lui-même. On dirait de la gelée. Jenny a dû renverser quelque chose.

Les rires de sa femme et de ses neveux résonnaient dans l'autre pièce, et il se hâta de les rejoindre sans plus se préoccuper des taches.

– Voilà ce qui va vous aider, annonça-t-il en brandissant fièrement le flacon.

Il le tendit à Lindy, qui déchiffra l'étiquette d'un air soupçonneux :

– Du Concentré de cerveau ?

L'oncle Franck hocha fièrement la tête :

– Ma propre formule. J'y travaille depuis des années.

Nathan prit la bouteille des mains de sa sœur.

– Et ça va nous rendre plus intelligents ? demanda-t-il. Comment ça marche ?
L'oncle Franck s'affala sur le canapé à côté de sa femme.
– C'est assez dur à expliquer, leur dit-il. En gros, cela agit sur les neurones et sur l'activité électrique du cerveau.
– Ça va changer notre cerveau ? s'inquiéta Nathan.
– Non, répondit-il. Vous resterez les mêmes.
Lui et sa femme échangèrent un regard complice.
– Pour simplifier, disons que les éléments chimiques de ma formule facilitent les échanges dans le cerveau et stimulent la mémoire…
Nathan et Lindy regardaient le liquide pourpre avec méfiance.
– Qu'est-ce qu'on fait ? demanda Lindy. On doit en boire combien ?
– Il vous faudra tout boire, dit l'oncle Franck. Attendez d'être chez vous et partagez le contenu. Vous en prendrez chacun la moitié.
– Et puis ? voulut savoir Lindy.
– Et puis, n'y pensez plus ! Travaillez aussi dur que vous pourrez, révisez bien vos leçons, donnez le meilleur de vous-mêmes…
Un large sourire éclaira son visage :
– Et vous serez surpris du résultat !
– On sera vraiment doués ? voulut s'assurer Nathan.
À cet instant, des coups de klaxon retentirent au-dehors, deux brefs et un long.
– Ce sont vos parents, annonça tante Jenny. Ils

viennent vous chercher.
– Revenez me voir quand vous commencerez à ressentir les effets, leur dit l'oncle Franck avec le plus grand sérieux. Et, surtout, n'oubliez pas que cette expérience est top secret. N'en parlez à personne.
Nathan et Lindy promirent de garder le silence et Nathan dissimula la bouteille dans la poche intérieure de son manteau. Ils remercièrent chaleureusement leur oncle et coururent jusqu'à la voiture.
Ils mouraient d'envie d'en discuter avec leurs parents, mais n'oublièrent pas la parole donnée à l'oncle Franck.
À peine chez eux, Lindy rejoignit Nathan dans sa chambre avec deux verres. Ils versèrent le liquide pourpre avec d'infinies précautions, une moitié pour chacun.
Nathan contempla son verre, songeur :
– C'est quand même incroyable... Tu crois que cette potion va nous transformer en génies ?
Ils étaient seuls à l'étage et leur porte était fermée ; pourtant il parlait à mi-voix.
Lindy regarda le liquide à contre-jour.
– L'oncle Franck est un grand savant, chuchota-t-elle. Et il n'a aucune raison de nous mentir.
Nathan eut un petit rire réjoui :
– C'est fantastique ! On va devenir les grosses têtes de l'école. C'est génial !
– Génial ! répéta Lindy.
Ils levèrent leurs verres et trinquèrent pour célébrer l'événement. Le liquide scintilla légèrement à la

lumière de la lampe de bureau.
– J'espère que ça a bon goût, dit Nathan, qui hésitait légèrement.
– Bois, ordonna sa sœur en commençant la première.
Ils portèrent le verre à leurs lèvres. Nathan le reposa alors qu'il en restait encore.
– C'est épais, déclara-t-il avec une légère grimace.
– Bois tout, le pressa Lindy en lui redonnant le verre. Sinon ça ne marchera pas.
Nathan retint son souffle et avala le reste. Lindy se lécha les lèvres :
– On dirait une liqueur de fruits rouges.
– C'est comme un médicament, grommela Nathan.
Il déglutit plusieurs fois de suite pour se débarrasser du goût.
– Je vais mâcher un chewing-gum pour chasser cette amertume.
– Alors, tu te sens plus malin ? demanda sa sœur.
– Bof…
– Épelle « liqueur », pour voir.
– Quoi ?
– Vas-y, épelle « liqueur ».
Ils savaient tous deux que Nathan était nul en orthographe. Il fronça les sourcils et se concentra intensément :
– L-i-c. Non… L-i-k…
– Tu peux arrêter ! Le Concentré de cerveau ne marche pas encore.
– On ne sait pas si les effets sont immédiats.
– J'espère que ça fonctionnera avant vendredi !

soupira Lindy.
– Pourquoi vendredi ?
– C'est le prochain devoir de maths.
Nathan bâilla soudain à s'en décrocher la mâchoire :
– Ouh ! J'ai un coup de barre.
– Moi aussi. C'est à peine si je peux garder les yeux ouverts.
Ils se souhaitèrent bonsoir sans cesser de bâiller, et Lindy regagna sa chambre avec ce curieux goût de liqueur sur les lèvres.
Les deux extraterrestres gravissaient lentement les marches de l'escalier. Le temps qu'ils atteignent le premier étage de la maison des Nichols, ils étaient à bout de souffle. Les alvéoles de leurs tentacules s'ouvraient et se fermaient comme la bouche d'un poisson hors de l'eau.
– C'est à cause de cette satanée gravité ! chuchota Gobbul. On est cinq fois plus lourds sur terre.
Les tentacules de Morggul s'agitaient frénétiquement et une sueur épaisse dégoulinait sur son corps grassouillet.
– On n'aurait peut-être pas dû atterrir dans le New Jersey, dit-il. Si ça se trouve, il y a de meilleurs endroits.
– C'est trop tard à présent, répliqua Gobbul, son autre bouche esquissant une grimace.
– Ça m'a fatigué, de chercher cette maison ! se plaignit Morggul. Marcher, toujours marcher dans le noir, se cacher au passage des voitures... L'aube va bientôt se lever.

– Chuut ! fit Gobbul. Tu vas les réveiller. On devait venir chez eux. On doit s'assurer qu'ils ont bien pris l'activateur.

Les extraterrestres avancèrent avec un bruit spongieux sur la moquette du couloir. Ils s'arrêtèrent devant la chambre de Nathan et risquèrent un œil à l'intérieur.

– C'est le garçon, chuchota Gobbul.

D'un mouvement de tentacules, il invita son compère à le suivre. Arrivé près du bureau, Gobbul remarqua les deux verres vides. Il les renifla avec les alvéoles de ses tentacules.

– C'est bon ! approuva-t-il.

Entre-temps, Morggul s'était approché du lit et observait le garçon.

Nathan dormait tranquillement, allongé sur le dos. Il était torse nu, et avait passé ses bras par-dessus les couvertures.

– On s'en va, chuchota Gobbul. Tu vas le réveiller. On a notre réponse. Ils ont bu l'élixir.

– Mais… Gobbul, protesta l'autre extraterrestre. Il y a un problème !

– Qu'est-ce qui se passe ? demanda Gobbul d'un ton exaspéré.

– Le garçon…

Morggul ouvrit de grands yeux horrifiés :

– Il… ne respire plus !

# 5

Gobbul se précipita aussitôt au chevet de Nathan. L'activateur d'intelligence l'avait-il tué ?
Morggul était penché sur lui et regardait ses bras nus, alarmé :
– Tu vois ? Il ne respire pas !
Gobbul examina le garçon pendant un long moment et ferma les yeux. Quand il les rouvrit, il avait l'air furieux.
– Sombre idiot ! siffla-t-il à voix basse. Les humains ne respirent pas comme nous, avec leurs tentacules !
Morggul se redressa vivement, stupéfait par cette nouvelle.
– Comment ?
– Les humains respirent par les trous qu'ils ont au-dessus de leur bouche. Regarde bien…
Le gros extraterrestre regarda attentivement le visage de Nathan pendant quelques instants.
– Bizarre, commenta-t-il finalement.
Il leva ses tentacules et aspira de grandes bouffées

d'air par ses alvéoles.
– Les humains sont vraiment dégoûtants !
– Tu as raison ! Mais si on arrive à les rendre plus malins, ils feront d'excellents esclaves pour notre empereur.
– Et si ça ne marche pas ?
Les deux bouches de Gobbul esquissèrent un sourire mauvais :
– Alors, tu pourras leur dévorer le cœur.
Une bave épaisse et jaunâtre roula sur le menton de Morggul et souilla la moquette de la chambre.
– Combien de temps allons-nous attendre ? demanda-t-il d'un air gourmand.
– Laissons-leur une semaine, chuchota Gobbul. Si ça ne marche pas, ils serviront de repas.

# 6

– Nathan ! Lindy ! Levez-vous ! C'est l'heure !
La voix chantonnante de Mme Nichols résonnait à l'étage comme tous les matins.
Nathan s'étira en bâillant.
– Bouh ! Il fait froid, murmura-t-il d'une voix pâteuse.
Il ouvrit les yeux et se souvint qu'il n'avait pas retrouvé sa veste de pyjama la veille au soir et qu'il s'était résolu à dormir sans.
– Allez, debout, tous les deux ! reprit énergiquement leur mère.
Nathan se demanda comment elle faisait pour être d'aussi bonne humeur chaque matin. Il se dressa et posa les pieds sur le sol.
– Bêrk !
Dans quoi avait-il marché ?
Il baissa les yeux et vit que son pied droit était maculé d'une gelée jaunâtre. Il regarda au plafond, mais ne remarqua pas d'auréole.

La matière était vaguement collante. « J'ai dû écraser un insecte », se dit-il.

Un insecte ? En plein hiver ? Il sautilla jusqu'à son armoire pour s'emparer d'une serviette et se nettoyer le pied.

– Comment tu vas ? lui demanda Lindy, qui se rendait à la salle de bains.

– La journée commence mal, grommela-t-il.

Et elle alla en empirant... Lors du trajet en bus, Lindy rejoignit ses amis au fond, tandis que Nathan prenait place à l'avant. Il jeta son sac à dos à ses pieds et regarda par la vitre. C'était une journée grise et froide. De longs rubans de brume s'accrochaient aux branches dénudées des arbres et le temps était à la neige.

Il reporta son attention sur le bus. Ellen et Wardell se trouvaient à sa hauteur sur la banquette d'à côté. Nathan poussa un grognement. Ils frimaient, comme d'habitude, et s'amusaient à chercher les mots croisés du *New York Times*.

Ils lisaient les définitions à voix haute, de manière que tout le monde sache ce qu'ils faisaient.

Personne dans la classe n'arrivait à faire ces mots croisés. Ils étaient beaucoup trop difficiles. Mais Ellen et Wardell les réussissaient chaque matin pour bien prouver qu'ils étaient les meilleurs.

– Hé, Nathan ! Tu peux nous aider ? lança soudain une voix.

Ellen s'était penchée vers lui.

– On bloque sur une définition, dit-elle avec un

large sourire.
Nathan fronça les sourcils. Quoi ? Ils voulaient son aide ?
– C'est un mot de six lettres, annonça Wardell. Lourdaud et empoté.
– Quelle sorte de pot ? demanda Nathan.
Ellen et Wardell éclatèrent de rire.
– C'était une blague, s'empressa d'ajouter Nathan.
– Oui, bien sûr, fit Ellen en roulant des yeux.
– Empoté et lourdaud, répéta Wardell. En six lettres… Nous, on cale.
Nathan se concentra de toutes ses forces. Six lettres… Six lettres…
« C'est ma chance de les épater, se dit-il. Ils ne m'ont jamais rien demandé avant. »
Il se souvint alors de la potion qu'il avait bue la veille. Combien de temps mettrait-elle avant d'agir ? Si seulement ça pouvait marcher maintenant !
– Empoté et lourdaud, répéta Wardell à l'intention de Nathan.
– Euh… euh…
Nathan avait beau chercher, il ne trouvait rien.
– Ça y est, je sais ! s'exclama soudain Wardell. En six lettres, c'est Nathan. N-A-T-H-A-N !
Tous les élèves à proximité éclatèrent de rire. Nathan s'enfonça davantage dans son siège et se remit à contempler le morne paysage qui défilait derrière les vitres.
« Je suis trop stupide, pensa-t-il. Un vrai nul ! Je ne m'aperçois même pas des pièges qu'on me tend. De

toute manière, je ne sais même pas épeler “lourdaud”. »

C’est alors qu’il entendit un gémissement au fond du bus :

– Oh non !

C’était Lindy. Il la vit se précipiter dans le couloir, l’air effaré.

– Qu’est-ce qui se passe ? s’alarma-t-il.

– Mon sac ! Je l’ai oublié à la maison !

Lindy supplia le chauffeur :

– On peut faire demi-tour, s’il vous plaît ?

La dame en costume gris ne se retourna même pas.

– Impossible, dit-elle.

– Mais j’ai besoin de mes affaires d’école, se lamenta Lindy. Sinon, je vais tout rater !

– Désolée…

« On est nuls tous les deux, songea Nathan avec amertume. Je me demande comment on fait pour être encore là. Mais, au moins, ça ne pourra pas empirer aujourd’hui ! »

Là aussi, il avait tort.

# 7

– Nathan, pourrais-tu nous faire profiter de ce qui te fait tant rire ?

M. Tyssling avait cessé d'écrire au tableau. Toute la classe se retourna vers Nathan.

Il s'efforça de retrouver son sérieux, mais c'était impossible. Son copain Eddie Frinkes venait de lui passer une caricature trop drôle de leur prof avec deux longs vers qui lui sortaient du nez.

Eddie était très doué en dessin, un véritable artiste !

Mais pourquoi Nathan s'était-il mis à rire comme une hyène alors que la classe était silencieuse et que M. Tyssling écrivait une longue équation au tableau ? C'était stupide.

Maintenant, le professeur fonçait vers lui, les yeux rivés sur le dessin d'Eddie. Il le lui arracha des mains et le contempla d'un air sombre. Nathan déglutit avec peine. Un silence pesant tomba sur la classe.

– C'est toi, l'auteur de ce chef-d'œuvre ? demanda M. Tyssling.

– Non, répondit Nathan en rougissant comme une tomate.
– Alors, qui a dessiné ça ?
Nathan ne pouvait pas dénoncer un copain.
– Je… je ne sais pas, bredouilla-t-il.
Et il repartit d'un fou rire nerveux, impossible à contrôler.
« Arrête, imbécile ! » se dit-il.
Tout le monde riait à présent… sauf M. Tyssling.
Il attendit que la classe se calme avant de rendre le dessin à Nathan.
– Ce n'est pas très ressemblant, dit-il. J'ai les cheveux plus longs et mon nez est moins grand.
Il retourna au tableau, et Nathan poussa un soupir de soulagement.
Trop tôt…
– Puisque tu es en forme, Nathan, reprit M. Tyssling, viens donc résoudre cette équation pour nous.
– Moi ?
Le cœur battant, Nathan gagna le tableau. Ses yeux s'agrandirent derrière ses lunettes. L'équation faisait un kilomètre de long !
Il tenta de la déchiffrer en se grattant le haut du crâne.
x = a - c + 125 (x + y)…
Une fois encore Nathan songea au Concentré de cerveau. Dans combien de temps allait-il agir ?
Ça serait fantastique de savoir résoudre ce problème !
Ça serait bien de donner la réponse, devant son prof et tous ceux qui le prenaient pour un cancre.

Le Concentré de cerveau… Si seulement il pouvait agir maintenant !
Et, soudain, alors qu'il contemplait la suite de lettres et de chiffres, Nathan sentit une énergie inconnue l'envahir. Une vague d'électricité le parcourut, et brusquement tout devint clair. La solution semblait sauter aux yeux !
« Je peux le faire ! réalisa-t-il. Je peux résoudre cette équation ! »
– Alors, Nathan ? demanda M. Tyssling avec une pointe d'ironie dans la voix.
Nathan relut l'équation avant de se tourner vers son prof :
– Vous voulez que je trouve d'abord la valeur de $x$ ou celle de $y$ ?
Des rires sarcastiques s'élevèrent des rangs, mais Nathan n'y prit pas garde.
– Je calcule d'abord $x$, annonça-t-il.
Il s'empara d'un morceau de craie et se mit à écrire. Bientôt, des suites de lettres et de chiffres recouvrirent le tableau.
Nathan les traçait avec fièvre, à grands gestes. La craie se brisa en deux sans qu'il s'arrête pour autant. Son cœur battait à tout rompre ; jamais il n'avait ressenti une chose pareille.
Finalement, il posa la solution et regarda son prof :
– Alors ?
M. Tyssling contemplait le tableau, l'air abasourdi et la mâchoire tombante.

# 8

Le professeur se massa longuement les joues, les yeux rivés sur le tableau noir.

– Stupéfiant, murmura-t-il. Là, je suis bluffé.

Nathan lui décocha un sourire ravi.

M. Tyssling se tourna vers lui.

– Il n'y a rien de juste là-dedans, déclara-t-il. Cette démonstration est fausse du début à la fin.

– Comment ? s'exclama Nathan, stupéfait.

– Tu m'as bien eu… Je t'ai vu écrire et écrire, et j'ai cru que tu savais ce que tu faisais.

– C'est… faux ? insista Nathan, l'air décomposé.

– Totalement faux, soupira le professeur. De la première à la dernière ligne.

Nathan s'affaissa sur lui-même comme un ballon qui se dégonfle.

« Au moins, personne ne rit, se dit-il. Ils sont désolés pour moi. »

Désolés pour le nul.

– Quelqu'un peut-il aider Nathan ? demanda M. Tyss-

ling. Lindy ? Tu peux aider ton frère ?
– Euh… non, monsieur, dit-elle en rougissant. J'ai oublié mon livre à la maison, et je n'ai pas pu lire ce chapitre.
Cachés derrière les buissons, deux faces verdâtres et grimaçantes scrutaient l'intérieur de la classe.
Gobbul se tourna vers son compère, les bouches tordues par le dégoût :
– Ils sont trop nuls, tous les deux !
– L'activateur d'intelligence ne fonctionne pas sur les humains, en conclut Morggul.
Il observait Nathan qui regagnait son siège, la tête basse.
– C'est une espèce trop primitive, grommela Gobbul.
Les yeux jaunâtres de Morggul s'éclairèrent soudain :
– Puisque la potion ne marche pas, inutile d'attendre plus longtemps ! Je peux dévorer leurs cœurs maintenant ?
– Ne sois pas impatient ! Tu vas te régaler bientôt.

# 9

– Oncle Franck, le Concentré de cerveau ne marche pas, se lamenta Lindy.
– On n'est pas plus intelligents, ajouta Nathan.
Ils étaient dans sa chambre et Nathan tenait le combiné. Lindy s'était emparée du sans-fil des parents pour suivre elle aussi la conversation.
– Il faut être patients, déclara leur oncle.
Il devait crier pour couvrir le vrombissement d'une machine.
– Mais on a tout bu, et il ne s'est rien passé ! J'ai eu une journée horrible à l'école et…
– Je crois bien qu'on est devenus encore plus bêtes qu'avant, ajouta Lindy avec une grimace.
– Le Concentré de cerveau n'est pas efficace en une seule nuit, hurla leur oncle. Il faut attendre que les principes actifs pénètrent dans votre organisme. Je vous ai déjà dit…
Le vrombissement qui lui faisait hausser la voix cessa d'un coup.

– C'était quoi, ce bruit ? demanda Lindy. Une nouvelle expérience ?
– Non, c'était le mixeur de la cuisine. Je prépare du jus de carottes.
– Quand est-ce qu'on deviendra intelligents ? le pressa à nouveau Lindy. L'exam de maths est pour demain, et on voudrait avoir une bonne note…
– Ou au moins obtenir la moyenne, grogna Nathan.
– Mais bien sûr, vous réussirez, affirma leur oncle. Vous vous souvenez de mes instructions ? Révisez davantage, et ne pensez plus à la potion. Vous verrez, ça marchera.
– Mais… elle ne devrait pas être déjà dans notre sang ? demanda Nathan en fronçant les sourcils.
– Oubliez tout ça et révisez, répéta leur oncle. Téléphonez demain. Je suis persuadé que vous aurez de bonnes nouvelles pour moi.
Leur oncle prit congé, les laissant perplexes.
– De bonnes nouvelles… Tu parles ! grommela Nathan en donnant un coup de pied dans son sac à dos. Je ne comprends rien à ces formules de maths.
– Moi, je ne sais même pas quel chapitre étudier, soupira Lindy.
– On devrait peut-être appeler un des bons de la classe pour réviser avec lui, suggéra Nathan. Wardell ou Ellen, par exemple.
– Tu plaisantes ? fit Lindy en levant les yeux au ciel. Ils ne voudront jamais. On est trop bêtes pour eux.
– C'est vrai, admit Nathan avec résignation.

Il redonna un coup de pied dans son sac à dos. Lindy alla s'installer au bureau.

– Commençons quand même, déclara-t-elle. Tu as entendu l'oncle Franck. On doit étudier.

– Sors le livre de maths et la feuille de révision, dit Nathan. Pendant ce temps, je vais chercher deux sodas.

Lindy sortit les livres pendant que Nathan disparaissait dans le couloir.

Il avait à peine tourné l'angle de la porte… qu'il poussa un hurlement de douleur.

– Ahhh ! Mon cœur !

# 10

Nathan s'affala contre le mur du palier, les mains pressées sur sa poitrine. Il foudroya sa petite sœur du regard :

– Brenda ! Tu m'as tiré dessus avec une fléchette ?

Brenda, ravie, confirma d'un hochement de tête.

– Où l'as-tu trouvée ? Tu n'as pas le droit de jouer avec des fléchettes ! s'écria Nathan. C'est dangereux ! Tu aurais pu me blesser !

– Les pointes sont en caoutchouc, répliqua Brenda pour sa défense.

– N'empêche que ça fait mal ! Tu m'as touché en plein cœur !

– Ça fait cinquante points, annonça-t-elle fièrement. La tête, c'est cent points, et les jambes dix points seulement.

– Fiche le camp ! grommela Nathan d'un air dégoûté. Ce n'est pas drôle. Tu es pénible.

– Tu veux jouer avec moi ? demanda-t-elle en lui tendant une fléchette.

– Pas question ! J'ai un devoir de maths demain.
Il s'éloigna dans le couloir et hurla quand une autre fléchette le toucha dans le dos.
– Cinquante points ! déclara Brenda, ravie.

Le lendemain, après le contrôle de maths, Lindy rattrapa son frère dans le couloir.
– Il n'était pas si dur, déclara-t-elle.
Nathan haussa les épaules :
– Je suis allé jusqu'au bout des exercices, c'est déjà ça !
– J'ai hésité deux ou trois fois, avoua Lindy. Et la troisième équation m'a donné du fil à retordre, mais j'ai quand même donné une solution.
– On a peut-être réussi, cette fois, dit Nathan sans conviction. On verra bien.
Wardell et Stan sortirent derrière eux.
– Trop facile ! lança Wardell.
– De la rigolade, renchérit Stan.
Et ils se tapèrent dans les mains.
– Vous ne pourriez pas trouver des exercices plus durs, M. Tyssling ? demanda Wardell.
– La prochaine fois, peut-être !
– Et toi, Nathan, ça a marché ? demanda Wardell avec un sourire narquois.
– Super ! répondit-il en levant le pouce.
Stan et Wardell s'éloignèrent dans le couloir en riant ouvertement.
– Je vais rendre les copies, déclara M. Tyssling le lendemain.
Il passa dans les rangées et distribua les feuilles tout

en les commentant.

– Je suis plutôt satisfait, dit-il. La majorité d'entre vous a bien réussi.

Il s'arrêta devant la table de Stan :

– Bravo, Stan. Travail impressionnant. J'ai bien aimé tes deux manières de résoudre la troisième équation.

« Et nous ? se demanda Nathan en se tordant nerveusement les mains sous sa table. Pourvu qu'on ne se soit pas plantés ! »

M. Tyssling termina bientôt la distribution des copies.

– Monsieur, je n'ai pas eu la mienne, intervint Nathan d'une voix timide.

Le professeur posa sur lui un regard sévère.

– Je sais, déclara-t-il froidement. Je veux vous voir, toi et Lindy, après les cours…

« Oh non ! » se lamenta Nathan, qui redoutait déjà le pire.

Quand la cloche sonna, M. Tyssling attendit que les élèves quittent la classe. Nathan et Lindy le rejoignirent en silence à son bureau. Le professeur sortit leurs copies et fronça les sourcils :

– Vous me décevez beaucoup, vous deux ! déclara-t-il sèchement.

# 11

Nathan poussa un profond soupir et Lindy baissa les yeux.
– On… on a encore tout raté ? demanda Nathan d'une voix brisée.
M. Tyssling ne répondit pas. Il se tourna vivement vers la fenêtre et contempla le ciel gris au dehors.
– C'est en partie de ma faute, reprit-il au bout d'un long moment. Je vous ai mis la pression pour ce devoir…
Il les regarda droit dans les yeux :
– Mais je n'aurais pas imaginé une seule seconde que vous alliez tricher !
– Quoi ?
– Tricher ?
– Sinon, comment auriez-vous trouvé toutes les réponses ? gronda-t-il en jetant leurs feuilles sur le bureau. Pourquoi avez-vous fait ça ? Vous pensiez m'impressionner en trichant ?
– Mais… c'est faux ! protesta Nathan.

– On a révisé, tenta d'expliquer Lindy.

« Et on a bu du Concentré de cerveau », songea-t-elle. Mais elle se garda bien d'en parler.

Elle parcourut sa copie en s'efforçant de masquer sa joie. Wouah ! Ça avait marché ! Nathan et elle étaient devenus des génies !

Elle leva les yeux vers son professeur, qui reprenait la parole :

– Je vous aime bien tous les deux. Aussi, je vais vous donner une seconde chance. On oublie ces devoirs. Je vous en proposerai un autre demain…

– Mais… mais…, bredouilla Nathan.

– On n'a pas triché ! protesta Lindy.

– Révisez encore ce soir, conclut M. Tyssling en leur imposant le silence. Je suis sûr que vous aurez la moyenne, et cet incident restera entre nous.

– On est des génies ! s'enthousiasma Nathan en sortant du collège.

– C'est l'oncle Franck qu'il faut remercier, corrigea Lindy. Tu te rends compte ? S'il vend son concentré, le monde entier pourra être intelligent !

– Je me fiche bien du monde entier ! rétorqua Nathan. On va avoir des 20/20 dans toutes les matières !

– Ne te réjouis pas trop vite, fit Lindy avec une légère grimace. On a peut-être eu de la chance. Demain, on devra faire nos preuves.

– On réussira ce devoir aussi ! s'exclama Nathan. On n'a plus besoin d'étudier !

Il lança son sac à dos en l'air et le rattrapa avec un cri de joie. Ils coururent ensemble jusqu'à leur maison.

Brenda se trouvait au salon quand ils arrivèrent. Elle tentait à nouveau d'assembler sa maison de poupée.
– Tu t'acharnes encore sur ce truc ? lui demanda Lindy.
– Personne ne veut la monter, répondit-elle avec une moue boudeuse. Papa et maman sont trop occupés, et vous, vous êtes trop bêtes.
– Attends, je vais le faire, dit Nathan.
Il s'assit sur le tapis à côté de sa petite sœur.
– Non, c'est moi, s'écria Lindy.
– On va la monter ensemble, décida Nathan.
Il saisit le plan de construction et le déchira en mille morceaux.
– Hé ! Qu'est-ce que tu fais ? protesta Brenda en tentant de l'en empêcher.
Nathan éclata de rire.
– On n'en a plus besoin ! lui assura-t-il fièrement.
Lui et Lindy s'assirent au milieu des morceaux de plastique, et bientôt le salon résonna du cliquetis régulier des pièces qu'on assemble. Cinq minutes plus tard, Brenda, émerveillée, contemplait sa maison de poupée au centre du tapis :
– Comment vous avez fait ?
– Facile ! répliqua Lindy.
– C'est simple : on est des génies ! ajouta Nathan.
Et tous deux éclatèrent d'un rire joyeux.
Après dîner, Nathan et Lindy, allongés par terre, regardaient un jeu télévisé. Ils s'amusaient à trouver les réponses dans tous les domaines, pendant que leurs parents lisaient sur le canapé.

– La reine Victoria ! s'écria Lindy.
– Isabelle la Catholique ! dit Nathan quelques instants plus tard.
Ce fut à nouveau au tour de Lindy :
– George III d'Angleterre !
M. Nichols leva les yeux de son magazine.
– Vous connaissez toutes les réponses ? s'étonna-t-il.
– Chuut ! fit Lindy en se rapprochant de l'écran. C'est la catégorie « Souverains d'Europe ».
– Mais comment savez-vous tout cela ? demanda leur mère.
– C'est le symbole du zinc ! lança soudain Nathan.
– C'est le symbole du fer ! répondit Lindy à la question suivante.
Elle se tourna vers sa mère.
– Ils ont changé de catégorie.
– Et vous connaissez le tableau des éléments ?
– Ils se moquent de toi, intervint M. Nichols. Ils ont déjà vu l'émission. C'est une rediffusion. C'est pour ça qu'ils connaissent les réponses.
– C'est vrai ? demanda leur mère.
– Non, fit Lindy sans quitter l'écran des yeux. Chuut, ça continue avec les bateaux célèbres !
– L'*Invincible armada* ! lança Nathan au téléviseur.
– Le *Lusitania* ! poursuivit Lindy.
– On a nettoyé le tableau ! s'exclama enfin Nathan. On a tout bon !
Ils levèrent le poing en signe de victoire, sous le regard médusé de leurs parents.

– On est prêts pour la finale ! déclara triomphalement Lindy.

– La finale ! murmura Gobbul en s'éloignant légèrement de la fenêtre.

Il espionnait Nathan et Lindy depuis le jardin plongé dans la nuit.

Morggul sautilla sur place et jeta un coup d'œil à son tour.

– J'ai bien fait de t'arrêter, déclara Gobbul. À l'heure qu'il est, tu les aurais déjà dévorés.

Les bouches de l'extraterrestre esquissèrent un sourire mauvais.

– Oui, fit-il d'un air satisfait. Ils sont jeunes et forts… et ils sont intelligents. Nous tenons nos esclaves, Morggul !

# 12

– Oncle Franck ! Tu ne vas pas le croire ! déclara Lindy au téléphone.
Elle entendit un léger gloussement à l'autre bout du fil.
– Qu'est-ce qui est si incroyable, dis-moi ? demanda son oncle.
– Nathan et moi avons eu un 20/20 en maths ! s'exclama Lindy. C'est grâce à ton Concentré ! Ça marche !
L'oncle Franck se mit à rire de bon cœur.
– Ne serait-ce pas plutôt parce que vous avez bien étudié, cette fois ? suggéra-t-il, amusé.
Nathan s'empara du combiné.
– Non ! répondit-il. On est devenus des génies ! Commercialise ton Concentré, oncle Franck ! Tu vas faire fortune !
– Oui… je suis ravi de vous avoir aidés, fit l'oncle Franck, un peu surpris. Mais n'oubliez pas d'étudier. C'est la chose la plus importante.

Le professeur Leroy bavarda encore un instant avec eux et raccrocha. Il se tourna alors vers sa femme avec un air ravi.
– Ils ont obtenu la meilleure note en maths, lui annonça-t-il. C'est incroyable comme un peu de confiance en soi peut transformer les gens ! Ils ont bu du jus de raisin, et ça a suffi…
Le lendemain matin, Lindy attira son frère à l'écart avant de grimper dans le bus.
– Ne frime pas trop, l'avertit-elle. Il ne faut pas que tout le monde sache ce qui nous arrive.
Mais Nathan n'était pas du tout de cet avis. Ça faisait si longtemps qu'il désirait faire partie des meilleurs de la classe !
Il alla s'asseoir à proximité de Wardell et d'Ellen qui, comme d'habitude, faisaient les mots croisés du *New York Times*. Il attendit sagement qu'ils se tournent vers lui.
– Hé, Nathan ! lança soudain Wardell avec une moue supérieure. Ahuri en six lettres ? Ça commence par un N.
Ellen gloussa, imitée par les rangs voisins.
– Fais voir, répondit Nathan en s'emparant du journal plié.
Il parcourut rapidement les définitions de la grille.
– Qu'est-ce que tu fais ? protesta Ellen. Rends-nous ça !
– Je peux vous aider, je crois, déclara calmement Nathan tout en sortant un stylobille de sa poche.
Il se mit à remplir les cases à une allure incroyable ;

cinq minutes plus tard, il leur rendait le journal.
– Quoi ? s'exclama Wardell.
Ellen et lui s'empressèrent de vérifier les réponses. Ils levèrent bientôt vers Nathan des yeux médusés.
– Mais comment as-tu fait ? bredouilla Ellen.
Nathan haussa les épaules.
– C'est facile quand on a du vocabulaire, dit-il, vaguement dédaigneux.
Plus tard dans la matinée, M. Tyssling leur remit un nouveau devoir de maths, tandis que le reste de la classe travaillait à des exercices.
– Prenez votre temps, leur dit-il. Commencez par ceux qui vous paraissent les plus simples.
Nathan et Lindy baissèrent les yeux vers les énoncés.
– Notez bien toutes les démonstrations, ajouta M. Tyssling. Je veux savoir exactement les choses que vous ne comprenez pas. Nous y retravaillerons ensemble après.
Nathan et Lindy approuvèrent d'un hochement de tête.
Dix minutes plus tard, Lindy allait rendre sa copie. Nathan mit un peu plus longtemps parce qu'il avait trouvé trois manières différentes de résoudre un des problèmes.
M. Tyssling les regarda avec surprise.
– Que se passe-t-il ? Les exercices sont trop compliqués ?
Il jeta un rapide coup d'œil sur les copies, et son expression changea d'un coup. Il vérifia de nouveau les réponses.

– C'est parfait, annonça-t-il, franchement impressionné. Vous avez dû réviser dur.
– Pas du tout, répondit Nathan d'un air fanfaron. Les maths, c'est facile.
Après l'école, Nathan et Lindy allèrent jouer à la balle avec leur petite sœur dans le jardin. C'était une belle après-midi. Le soleil avait enfin réussi à percer la grisaille et on se serait cru au printemps plutôt qu'en hiver.
– J'ai terminé les devoirs pour demain pendant le trajet du bus, annonça Lindy.
Elle envoya la balle à Brenda, qui la manqua et se mit à courir pour la rattraper.
– Moi aussi, répondit Nathan. Et j'ai fait tous les exercices de maths du livre.
Il rattrapa la balle que lui lançait maladroitement Brenda et la lui renvoya.
– Il faudra demander à M. Tyssling le programme de l'année prochaine, conclut Lindy.
Brenda lança la balle de toutes ses forces. Nathan, qui regardait ailleurs, la reçut en pleine poitrine. Brenda gloussa de plaisir. Lindy la récupéra et l'envoya au loin.
– Tu devrais arrêter de corriger ses erreurs, fit Lindy à son frère. Tu interviens trop dans le cours.
– Il avait mal écrit Massachusetts au tableau ! protesta Nathan. Quelqu'un devait le prévenir.
– Quand même…
– Et la Confédération des États, c'était en 1781, pas en 1778. Je n'allais pas laisser passer un telle erreur !

– Les autres élèves grognent chaque fois que tu lèves la main. Et M. Tyssling commence à être agacé.
– Attrape la balle ! Attrape la balle ! cria soudain Brenda, interrompant sa sœur dans son sermon.
Nathan repéra le ballon, qui avait roulé sous la haie bordant le jardin. Il se précipita pour le récupérer… et s'arrêta net.
– Lindy ! Regarde ! cria-t-il en désignant le sol.
– Qu'est-ce qui se passe ?
– Tu as vu ces empreintes bizarres ?
– Renvoie la balle ! Renvoie la balle ! s'impatienta Brenda.
– Attends un instant ! lança Nathan.
Il s'accroupit pour examiner les traces sur le sol gelé.
– Wouah ! fit Lindy. Elles sont énormes ! Quel animal a pu les laisser ?
Le garçon secoua la tête et passa à l'empreinte suivante.
– Huit orteils…, commenta-t-il. Regarde, elles se dirigent vers la maison.
– Ce n'est ni un chat ni un chien, conclut Lindy. C'est quelque chose de très gros et très lourd. Tu as vu la profondeur des traces ?
– Huit orteils, répéta Nathan en fronçant les sourcils. Ça, c'est bizarre.
Ils suivirent la piste, qui contournait la maison et menait à la fenêtre donnant sur le salon.
– La haie ! remarqua Nathan. Regarde ! Quelqu'un l'a piétinée !

– Et la balle ? trépigna Brenda dans leur dos. Renvoyez la balle !
Nathan se pencha vers les arbustes écrasés et ramassa le ballon.
– Beuh ! s'écria-t-il en le lâchant aussitôt avec dégoût.
– C'est quoi, cette gelée ? demanda Lindy.
Nathan regardait ses doigts enduits d'une matière gluante et jaunâtre.
– Ah ! Ça pue ! maugréa-t-il en les reniflant.
Il vit alors d'autres flaques au pied du mur.
– Il y a des traces sur la fenêtre, remarqua Lindy. Deux traces… comme si ces… ces créatures avaient plaqué leurs visages contre la vitre.
Nathan regarda ses doigts et les empreintes gluantes laissées sur le verre.
– Des animaux nous auraient observés, tu crois ? dit-il d'une voix blanche.
– Qu'est-ce que ça pouvait être ? s'alarma Lindy. Qu'est-ce qu'ils nous voulaient ?
Elle frissonna et jeta un regard inquiet autour d'elle :
– J'ai peur, Nathan ! J'ai peur…

# 13

Une semaine plus tard, Nathan se trouvait devant son casier. Il rassemblait ses affaires et se préparait à rentrer chez lui. Son copain Eddie Frinkes vint ouvrir le casier d'à côté.

– Salut, Eddie, ça va ? demanda Nathan.

Eddie se contenta de hocher la tête.

– Tu veux venir chez moi jouer sur mon ordinateur ?

– Non, ça ne me dit rien, fit Eddie avec une légère grimace.

– Pourquoi ? insista Nathan.

– Ce n'est pas drôle, répondit Eddie. Tu gagnes à tous les jeux, tu es trop fort pour moi.

– Mais…

Eddie referma son casier et s'éloigna rapidement. Nathan allait courir à sa suite quand Stan et Wardell lui bloquèrent le passage. D'autres élèves les accompagnaient.

– Hé, Nathan ! Cite tous les dieux de la mythologie

grecque, lança Stan avec une moue de défi.
– Il paraît que tu as trouvé des tas d'erreurs dans le bouquin de maths ? ajouta Wardell.
– C'est vrai que tu as reprogrammé les ordinateurs du labo ?
– Laissez-moi tranquille, grogna Nathan.
– C'est vrai que tu as appris le livre d'histoire par cœur ?
– Oui, fit Nathan en devenant écarlate. Je l'ai lu une fois… ça a suffi.
– Et c'est vrai que tu vas faire dix comptes rendus de lecture pour la semaine prochaine ? demanda Stan en le menaçant du doigt.
– Peut-être…
Nathan recula et se retrouva bloqué contre les casiers.
– Hé ! Rends-moi ça ! cria-t-il.
Wardell venait de lui arracher son sac à dos des mains. Il s'éloigna aussitôt dans le couloir, suivi par les autres élèves, hilares.
– Trouve un moyen de le récupérer si tu es si doué ! lança Wardell avec un rire narquois.
Nathan poussa un profond soupir et courut à leur poursuite. Mais il s'arrêta en apercevant sa sœur. Ses longs cheveux auburn masquaient son visage, et ses yeux étaient rougis de larmes.
– Lindy ! Que se passe-t-il ? Tu as pleuré ?
Lindy se détourna avec embarras. Il lui fallut quelque temps pour reprendre sa contenance.
– Qu'est-ce qu'il y a ? demanda doucement Nathan.
– C'est Gail et Erika, avoua Lindy. Elles… elles ne

veulent plus qu'on sorte ensemble.
– Quoi ? Mais ce sont tes meilleures amies !
– Elles ont dit que j'étais un monstre, répondit-elle d'une voix brisée. Elles me trouvent bizarre. Trop intelligente... Elles disent que je leur fais peur !
– C'est stupide ! protesta Nathan... Simplement parce que tu es...
Il n'acheva pas sa phrase. Nathan avait remarqué des mouvements furtifs près de l'entrée.
– Quoi ?
Nathan et Lindy sursautèrent. Deux silhouettes venaient de surgir derrière les colonnes du hall.

# 14

– Maman ! Papa ! Qu'est-ce que vous faites ici ? s'écria Lindy.
Leurs parents avancèrent dans le hall, la mine sévère. Nathan sentit son estomac se nouer :
– Qu'est-ce qui se passe ?
– Tu pourrais peut-être nous l'apprendre, répliqua M. Nichols en toisant son fils d'un air sombre. M. Tyssling a appelé ta mère. Il veut nous voir.
– Vous avez eu des problèmes à l'école ? demanda Mme Nichols.
– Des problèmes ? Non, je ne crois pas, répondit Nathan sans comprendre.
– On n'a rien fait de mal, protesta Lindy.
– Venez avec nous, dit M. Nichols. On doit le retrouver dans le bureau de Mme Lopez.
– Mme Lopez ? s'alarma Nathan. Pourquoi chez le principal ?
Quelques instants plus tard, M. Nichols frappait à la porte du bureau. Mme Lopez les fit entrer et

referma la porte. C'était une petite femme ronde aux cheveux noirs rassemblés en un chignon strict. Les élèves l'aimaient beaucoup, car elle était souriante et connaissait le prénom de chacun.
Nathan remarqua qu'aujourd'hui elle ne souriait pas. Elle les accompagna vers une longue table.
M. Tyssling se leva pour accueillir les parents de Nathan et Lindy et leur présenta M. Haywood, le conseiller d'éducation.
M. Haywood salua les enfants d'un bref signe de tête. Il était raide comme un piquet dans son éternel costume gris.
Mme Lopez prit place au bout de la table.
– Je vous remercie d'être venus aussi vite, Monsieur et Madame Nichols, dit-elle. Voyez-vous, nous avons un léger problème.
– Un problème ? répéta Mme Nichols en jetant un regard mécontent aux enfants.
– Ils ont fait des bêtises ? demanda M. Nichols.
Mme Lopez se pencha en avant et joignit les mains :
– Non, il ne s'agit pas d'un problème de discipline.
Elle se tourna vers Nathan et Lindy, l'air un peu embarrassé :
– Je ne sais pas comment vous le dire, mais…
M. Tyssling regarda le plafond pendant que M. Haywood gigotait nerveusement sur sa chaise.
– Nathan et Lindy perturbent les autres élèves, finit par dire le principal. Et ils perturbent aussi leurs professeurs.
– Comment ça ? protesta Nathan.

Mme Lopez l'interrompit d'un geste.
– Vos enfants sont des génies, poursuivit-elle. Nous aurions dû nous en rendre compte avant. Mais depuis deux semaines, c'est devenu évident.
– Des génies ? répéta M. Nichols en se grattant le menton, perplexe.
Mme Lopez approuva d'un hochement de tête.
– Ils ont des résultats incroyables dans toutes les matières. Ils connaissent par cœur le programme de l'année. Ils lisent plusieurs livres par jour et rendent des devoirs de vingt pages.
– Mais… c'est fantastique ! s'exclama Mme Nichols. Je sais qu'ils travaillent beaucoup tous les soirs.
– Ce n'est pas si fantastique que ça, soupira Mme Lopez. Nathan et Lindy corrigent leurs professeurs en permanence. Ils dénichent des erreurs dans les manuels de classe. Cela déstabilise les autres élèves. Ils ne peuvent plus suivre, à leur niveau. Ils ont l'impression qu'il se passe quelque chose d'étrange, d'anormal.
– Nathan et Lindy ne sont pas responsables, ajouta M. Tyssling. Mais leurs connaissances sont bien trop élevées pour des enfants de douze ans. Les autres élèves sont découragés et ne prennent plus la peine d'étudier.
– J'ai remarqué aussi que certains enfants les évitent, intervint M. Haywood. Je suis désolé de dire cela, mais je crois bien que Nathan et Lindy leur font peur.
Brusquement Nathan se rendit compte que tous les

regards étaient braqués sur eux. Son cœur se mit à battre plus fort. « C'est vrai ? se demanda-t-il. On a des problèmes parce qu'on est trop intelligents ? » Un frisson glacé remonta le long de son dos. « Alors, je suis devenu un monstre ? Je n'ai plus d'amis et les autres me détestent. Les profs ne m'aiment pas non plus. Qu'est-ce que je vais devenir ? » Il se tourna vers Lindy. Elle baissait la tête et se tordait nerveusement les mains sous la table. Il sut alors qu'ils partageaient les mêmes inquiétudes.

– On peut tout expliquer ! lâcha soudain Lindy en se redressant sur son siège.

Nathan lui saisit le bras et la fixa avec intensité :

– Lindy, attends ! On a promis à l'oncle Franck de ne rien dire !

– Il le faut ! répliqua-t-elle en se dégageant.

– Nous dire quoi ? demanda leur mère.

– On a bu du Concentré de cerveau ! lâcha Lindy dans un souffle.

– Lindy, s'il te plaît, supplia Nathan.

Mais Lindy s'était lancée :

– L'oncle Franck est un scientifique. Il fait des recherches sur l'intelligence. Il nous a donné une fiole de Concentré de cerveau, pour nous rendre plus intelligents. On en a bu tous les deux... et ça a marché !

Mme Nichols resta bouche bée. Son mari fronça les sourcils.

Un long silence tomba sur la salle.

Mme Lopez le brisa finalement d'un soupir las.

– Je ne sais pas quelle potion magique vous avez prise pour devenir des génies, déclara-t-elle doucement, mais une chose est sûre : nous ne pouvons plus vous garder dans notre établissement.

# 15

Quelques jours plus tard, Nathan et Lindy, l'air sombre, suivaient leurs exploits à la télévision. Leurs portraits apparaissaient à l'écran derrière le présentateur du journal.

– Ces deux enfants sont en procès avec leur école, annonçait-il. Sont-ils trop intelligents pour suivre les cours ? Oui, selon l'avis du conseil d'établissement. Absolument pas, selon leurs parents. La bataille est engagée…

Dans la cuisine, la belle-mère de Nathan était pendue au téléphone :

– Oui… Notre avocat assure que nous avons de bonnes chances… Nous avons aussi reçu des appels d'établissements privés… Non, leur oncle Franck est en voyage à l'étranger. Il est injoignable pour l'instant…

La sonnette de l'entrée retentit. Nathan se leva pour aller ouvrir, mais il se ravisa : c'était peut-être un journaliste qui voulait encore leur poser les mêmes questions. Lindy et lui en avaient déjà rencontré une bonne douzaine !

Jusque-là, Nathan avait toujours rêvé de passer à la télé. Maintenant, il ne trouvait plus ça drôle. Les médias les présentaient comme des bêtes de foire. À présent, ils devaient rester enfermés chez eux et ils n'avaient même plus d'amis avec qui partager leur célébrité.

« Ce Concentré de cerveau a ruiné ma vie », songea Nathan avec amertume.

Entre-temps, Mme Nichols était allée ouvrir. Nathan se glissa vers l'entrée et tendit l'oreille.

– Je suis désolée, disait sa belle-mère. Nous ne sommes pas intéressés par un soda au Concentré de cerveau… Je suis sûre que votre compagnie fabrique d'excellents produits, mais mes enfants refusent de faire toute publicité.

Nathan retourna au salon.

– Qui c'était ? demanda Lindy sur un ton las.

– Encore quelqu'un qui veut nous engager pour de la pub, grogna Nathan.

La veille, ils avaient reçu la visite d'un homme qui voulait devenir leur agent. Il avait de grands projets : une ligne de vêtements Les surdoués, les corn flakes Petits génies, et une série de dessins animés sur le câble.

– C'est génial ! s'était exclamé Nathan. On va être riches et célèbres !

– Les monstres célèbres, tu veux dire, avait répliqué Lindy, au bord des larmes. Les gens vont nous montrer du doigt, se moquer de nous. On ne sera plus jamais normaux. Moi, tout ce que je veux, c'est retourner à l'école comme avant… retrouver mes amies…

Finalement, la famille avait décidé d'attendre et de ne rien signer avant que les problèmes avec l'école soient résolus.

Mais cela n'empêchait pas les gens de téléphoner. La ligne des Nichols était prise d'assaut par des journalistes, des agents, des commerciaux de tout poil, des gamins qui voulaient de l'aide pour leurs devoirs et même des gens désespérés qui désiraient avoir les conseils des jeunes génies.

Cette après-midi-là, Nathan et Lindy s'amusaient dans le jardin avec leur petite sœur quand une voiture aux vitres fumées s'arrêta devant l'allée. Ils interrompirent leur partie de Frisbee et virent deux hommes en costume noir frapper à leur porte.

Nathan et Lindy se faufilèrent dans la maison par la cuisine pour savoir ce qu'ils voulaient.

– Mme Nichols, nous avons contacté votre mari à propos des tests, disait un des hommes.

– Des tests ? demanda Mme Nichols.

– Oui, Madame. Nous travaillons au centre de recherches universitaires et nous aimerions conduire vos enfants dans nos laboratoires pour une série de tests.

L'autre homme se tourna vers Nathan et Lindy, qui avaient rejoint leur mère.

– Nous voulons savoir jusqu'où s'étend votre intelligence. Vous serez peut-être utiles au gouvernement. Vous voulez servir votre pays, n'est-ce pas, les enfants ?
Nathan et Lindy ne répondirent pas. La mine sévère de ces deux personnages ne leur disait rien qui vaille.
– Je… je ne sais pas, hésita leur mère.
– Cela ne prendra que quelques heures, insista un des hommes. Ils passeront des tests écrits et auront un entretien avec des savants. Ensuite, ils subiront une légère opération.
– Comment ?
– Oui, Madame. Nous avons absolument besoin d'échantillons de leur matière grise.

# 16

– Pas question ! hurlèrent Nathan et Lindy à l'unisson.

Ils se glissèrent entre les deux hommes et s'enfuirent dans le jardin.

Ils sautèrent par-dessus la petite haie qui séparait leur maison de celle du voisin et foncèrent vers l'arrière. Les appels des hommes en noir retentissaient déjà derrière eux. Rentrant la tête dans les épaules, Nathan accéléra l'allure et se faufila par un étroit passage qu'il connaissait dans la palissade du voisin. Sans ralentir une seule seconde, Nathan et Lindy dévalèrent la contre-allée qui longeait les maisons et traversèrent plusieurs rues, se dirigeant vers le centre ville.

Quelques minutes plus tard, ils s'arrêtèrent, exténués. Nathan se pencha en avant pour reprendre son souffle.

– Tu crois que ces hommes nous ont suivis ? demanda Lindy en haletant.

Nathan regarda autour de lui :
– Apparemment non.
Il repéra soudain une maison qu'il connaissait bien.
– C'est celle de Wardell !
Ils se précipitèrent aussitôt dans le jardin et Nathan frappa à la porte de la cuisine :
– Il y a quelqu'un ?
Wardell vint ouvrir quelques instants plus tard.
– Qu'est-ce que vous faites là ? s'étonna-t-il.
– On peut entrer ? demanda Lindy en jetant un regard inquiet derrière elle. Je crois que quelqu'un nous suit.
– Oui, bien sûr, fit Wardell en s'effaçant pour leur laisser le passage.
Ellen et Stan étaient assis à la table de la cuisine, encombrée de livres et de classeurs. Il levèrent la tête, surpris.
– Ferme la porte, dit Lindy.
– Que se passe-t-il ? demanda Wardell.
Nathan haussa les épaules et défit la fermeture de son anorak. Il était en sueur malgré le froid qui régnait au-dehors.
– On a dû s'enfuir, dit Lindy. Ça devenait vraiment trop dingue chez nous.
Nathan s'avança vers la table.
– Qu'est-ce que vous faites ? dit-il en désignant les notes sur la table.
Ellen répondit, après un silence gêné :
– On révise l'histoire, avoua-t-elle. Demain, on a une interro qui porte sur le programme du dernier trimestre.

Stan se tourna vers Nathan et Lindy :
– Vous allez bientôt revenir en cours ?
– Peut-être…, fit Nathan avec une moue.
– On n'en sait rien encore, ajouta Lindy.
Il y eut de nouveau un silence gêné. Nathan plongea les mains dans les poches de son anorak.
– Alors ? Quoi de neuf en classe ? lança-t-il d'un air dégagé.
– Pas grand-chose…
Wardell continuait de le regarder comme s'il était un martien.
– La routine, quoi ! ajouta Ellen.
– Je vous ai vus à la télé, dit Stan. C'était cool…
Il rougit légèrement :
– Franchement… C'est injuste, ce qui vous arrive.
– Oui, approuva Ellen.
– On aimerait bien revenir en classe, avoua Lindy.
– Je n'arrive pas à croire que Mme Lopez ait fait ça, reprit Ellen d'un air dégoûté.
– Vous voulez boire quelque chose ? proposa Wardell en se dirigeant vers le réfrigérateur.
– Je pourrais utiliser ton téléphone ? demanda Nathan. Je voudrais appeler chez moi.
– Oui, bien sûr, fit-il en désignant le combiné accroché au mur.
Il marqua une légère pause et dit :
– Tu sais… Je suis désolé de t'avoir embêté à l'école. Tu sais ce que c'est : je voulais juste rigoler…
– Pas de problème, répondit Nathan. Ce n'est pas ta faute si on nous a virés et si nos vies sont fichues…

Sa gorge se noua. C'était bon de se retrouver avec ses copains de classe, comme un garçon normal. Mais il repensa brusquement aux hommes en noir. Voulaient-ils vraiment leur ouvrir le cerveau ?
Il s'empara du combiné et appela chez lui. Sa mère décrocha dès la deuxième sonnerie.
– Nathan ? Lindy est avec toi ?
– On est chez Wardell, dit Nathan. Les types du labo sont partis ?
– Oui, répondit Mme Nichols. Je leur ai demandé de quitter la maison.
– Ça veut dire… qu'ils ne vont pas nous opérer ?
– Non. Personne ne touchera à vos cerveaux, rassure-toi. Ce n'était pas la peine de fuir. Je ne les aurais jamais laissés faire une chose pareille.
– On… on a paniqué, bafouilla Nathan.
Il se tourna vers la table et se rendit compte que tous les regards étaient posés sur lui.
– Rentrez tout de suite, j'ai un rendez-vous, annonça sa mère.
– On arrive…
Nathan reposa le combiné et s'adressa à Lindy :
– Ils sont partis. On peut y aller.
Il se dirigea vers la sortie.
– Merci pour ton aide, Wardell.
– Reviens quand tu veux, répondit celui-ci.
– On pourra peut-être réviser ensemble, soupira Lindy.
– Bonne chance, leur lança Ellen.
– Oui, bonne chance, répétèrent Stan et Wardell en écho.

Ils sortirent à contrecœur et reprirent le chemin de leur maison en coupant par les allées.
Soudain, à mi-parcours, les deux extraterrestres jaillirent de derrière une haie et leur bloquèrent le passage.

# 17

Nathan s'arrêta net en apercevant les deux créatures. Lindy, qui regardait ailleurs, faillit les heurter. Nathan lui attrapa le bras, et elle poussa un hurlement d'effroi. Son frère aurait voulu hurler lui aussi, mais sa gorge nouée ne laissa passer aucun son.

Jamais il n'avait rien vu d'aussi horrible.

Les deux créatures s'avancèrent lentement, leurs yeux jaunâtres brillant d'une étrange lueur. Leurs bouches se tordaient en un rictus avide, découvrant les multiples rangées de dents pointues. Ils déployèrent leurs longs tentacules, couverts d'alvéoles pourpres qui palpitaient d'une manière écœurante. Le plus grand léchait en permanence ses défenses recourbées. L'autre sautillait sur place, faisant trembler mollement son corps gélatineux.

– Qui… qui êtes vous ? lâcha Nathan en retrouvant l'usage de la parole. Vous… êtes déguisés ?

Lindy vint se blottir contre Nathan, les yeux agrandis par l'horreur. Pétrifiée, elle contemplait la gelée visqueuse qui dégoulinait à grosses gouttes des deux créatures.

– Qu'est-ce qu'ils disent ? demanda le plus gros à son compère.

Celui-ci secoua la tête :

– Nous ne sommes pas de votre planète, dit-il en fixant Nathan avec intensité. Nous ne vous ressemblons pas.

– Heureusement ! lâcha l'autre.

Lindy leva des yeux apeurés vers son frère.

– C'est une blague, n'est-ce pas ? murmura-t-elle d'une voix blanche.

Nathan regarda les créatures au corps informe et suintant des pieds à la tête. Il tremblait comme une feuille.

– Non, ce n'est pas une blague, répondit-il. Ils sont réels.

Il prit une profonde inspiration pour se donner du courage.

– On doit rentrer chez nous ! lança-t-il d'une voix forte. Laissez-nous passer.

– Non, non, vous n'irez pas chez vous, répondit le grand extraterrestre en léchant ses défenses.

– Qui êtes-vous, à la fin ? cria Lindy, à bout de nerfs. Qu'est-ce que vous voulez ?

– Nous sommes vos nouveaux maîtres !

– Vous ferez d'excellents esclaves pour notre empereur, ajouta son compère avec un rire réjoui.

– Des esclaves ? répéta Nathan, incrédule. Vous plaisantez ?

Un flot de pensées effrayantes submergea son esprit.
– Absolument pas, répondit le plus grand d'un ton glacial.
– Si vous venez d'une autre planète, pourquoi parlez-vous notre langue ? demanda Lindy d'un air soupçonneux.
– Votre dialecte est si primitif qu'il nous a fallu moins d'une heure pour l'apprendre, ricana l'extraterrestre. Notre alphabet possède sept cents lettres.
– Et nous avons quatre cents manières différentes de dire bonjour, ajouta le second.
– C'est impossible, paniqua Lindy. Nathan, fais quelque chose !
Nathan ne bougea pas. Son cœur cognait dans sa poitrine et la peur lui nouait l'estomac.
– Je n'y crois pas ! lâcha-t-il soudain. Je ne veux pas y croire.
Le grand extraterrestre se tourna vers son compère :
– Vas-y ! Prouve-lui que nous venons d'ailleurs.
La créature avisa un arbre, et son tentacule siffla dans l'air. Il saisit un oiseau qui se trouvait sur une branche.
L'oiseau émit un petit cri quand la créature l'amena vers sa première bouche. Elle le décapita, puis engloutit le reste du corps. Quelques plumes s'échappèrent de ses lèvres.
– Oooh, c'est horrible ! gémit Lindy en détournant le visage.
– Vous voulez d'autres preuves ? demanda l'extraterrestre.

Sans même attendre de réponse, il déploya un de ses tentacules et l'enroula autour de Lindy. Alors, lentement, il l'attira à lui.

# 18

– NOOON !

Le hurlement de Lindy résonna dans l'air sec de l'hiver.

– Au secours ! cria Nathan. À l'aide !

Il se précipita sur le tentacule qui retenait sa sœur et tira ; hélas, ses doigts glissèrent sur la peau visqueuse.

Alors, la créature relâcha son étreinte et s'écarta lentement de Lindy.

Choquée, elle tituba un instant avant de tomber à genoux.

– Tu peux te relever, ricana le grand extraterrestre. Nous n'allons pas vous dévorer tout de suite.

– Ce n'est pas l'envie qui manque ! ajouta son compère avec un regard vorace.

– Nous ne voulons pas perdre le bénéfice de notre activateur d'intelligence, annonça le premier. Vous êtes trop doués à présent pour servir de nourriture.

– Quoi ? demanda Nathan.

Il essuya sur son jean ses mains souillées d'une gelée poisseuse.
– Votre activateur de quoi ? reprit Lindy.
Elle se releva avec peine. Le tentacule avait laissé une empreinte visqueuse sur son manteau.
– Le liquide que nous vous avons fait boire, expliqua le grand extraterrestre, pour vous rendre plus intelligents.
– Mais, c'est l'oncle Franck… commença Lindy.
Les créatures secouèrent la tête.
– Lui voulait vous donner du jus de raisin, dit la plus grande. Nous l'avons remplacé. Vous deviez devenir assez malins pour servir l'empereur. Notre empereur aime les esclaves robustes et intelligents. Nous sommes ici pour voir si les humains peuvent faire l'affaire.
– Si vous travaillez bien tous les deux, nous reviendrons sur terre et nous réduirons la planète entière à l'esclavage, ajouta son compère.
– Je suis Gobbul, reprit le premier. Et voici mon assistant, Morggul. Nous serons vos maîtres jusqu'à ce que vous soyez remis à notre empereur.
« Non, paniqua Nathan. Non, je ne veux pas ! »
– Alors, vous allez nous suivre gentiment dans notre vaisseau, ordonna Gobbul en désignant les bois hors de la ville. Un long voyage nous attend. Il faut partir maintenant.
Nathan refusait d'admettre la terrible réalité. Il se tourna vers Lindy, qui s'accrochait désespérément à lui.

« Réagis, Nathan ! se dit-il. Tu dois trouver un moyen de leur échapper. »
Il se pencha vers sa sœur et chuchota à son oreille :
– On court !
Elle hocha la tête.
Nathan et Lindy s'élancèrent au même moment.

# 19

Nathan fonça à toute allure… et trébucha au bout de trois pas. Un tentacule venait de s'enrouler autour de sa cheville.

Il poussa un hurlement de douleur en heurtant le sol. Le tentacule se resserra, mais Nathan roula sur lui-même et se débattit avec rage. Il donna de violents coups de pied dans la masse gluante et finit par se libérer.

Sans attendre, il bondit sur ses pieds et repartit en courant.

Lindy venait de sauter par-dessus une haie, et il se précipita à sa suite. Ils traversèrent le jardin sans se soucier des plates-bandes qu'ils piétinaient.

Ils bondirent encore par-dessus une petite barrière et s'enfuirent par une contre-allée.

Lindy courait, ses longs cheveux flottant au vent. Elle regardait droit devant elle et gémissait de terreur chaque fois qu'elle reprenait son souffle.

Ils déboulèrent bientôt dans leur jardin, haletants et grimaçants.

Mme Nichols les attendait dehors, ses clés de voiture à la main.
– Qu'est-ce que vous faisiez ? gronda-t-elle.
Lindy voulut répondre, mais un violent point de côté l'en empêchait.
– Je vous ai dit que j'avais un rendez-vous important, s'énerva sa mère. Je vous attendais pour garder Brenda.
– Des… monstres ! lâcha brusquement Lindy.
– Des extraterrestres ! reprit Nathan d'une voix haletante. Ils voulaient nous kidnapper !
Mme Nichols fronça les sourcils :
– Il va falloir trouver mieux.
– Maman ! On a de gros problèmes ! gémit Lindy.
– Ça, je sais ! trancha-t-elle. J'ai d'ailleurs rendez-vous avec votre proviseur.
Elle désigna la maison :
– Je suis en retard, alors allez vous occuper de Brenda.
– Mais…, protesta Lindy.
Sa mère s'engouffrait déjà dans sa voiture.
– On ne plaisante pas ! Ils vont nous kidnapper !
Leur mère leur cria quelque chose avant de démarrer, mais le bruit du moteur couvrit ses paroles.
– Écoute-nous ! se lamenta Lindy.
Mais la voiture s'éloignait en trombe dans la rue.
Nathan poussa un soupir désespéré et entra dans la cuisine. Il ferma la porte à clé derrière Lindy.
Une odeur de chocolat remplissait la pièce. Leur mère avait préparé des brownies.

– Brenda, où es-tu ? appela Nathan.
– Ici !
Nathan allait se rendre au salon quand Lindy le retint par le bras.
– Qu'est-ce qu'on va faire ? chuchota-t-elle.
– Je n'en sais rien… On doit y réfléchir. Mais n'effrayons pas Brenda.
Lindy approuva.
– On pourrait lui passer une vidéo, suggéra-t-elle. Ça nous laisserait le temps de trouver une solution.
Ils entrèrent au salon. Brenda était à plat ventre sur le tapis, entourée de ses poupées.
– Vous étiez où ? pleurnicha-t-elle. Je veux qu'on joue à la poupée !
Nathan se racla la gorge.
– Tu ne préférerais pas regarder un dessin animé ? proposa doucement Lindy. On a la cassette de *la Petite Sirène*.
– Non ! cria Brenda d'un ton sans réplique. On joue à la poupée !
– Mais Lindy et moi…, commença Nathan.
Il n'acheva pas sa phrase. Un énorme fracas venait de retentir dans la cuisine.
La porte avait volé en éclats.
– Qu'est-ce que c'est ? s'écria Brenda.
Ils n'eurent pas le temps de répondre. Les deux extraterrestres étaient déjà au salon. Ils fixèrent Nathan et Lindy. Leurs yeux jaunâtres brillaient d'un éclat mauvais.
– Bêêrk ! C'est quoi ? s'exclama Brenda.

– Suivez-nous, esclaves ! tonna le plus grand. Nous n'allons tout de même pas vous pourchasser sur toute cette planète !
– Noon ! hurla Lindy.
– On ne viendra pas ! s'écria Nathan en se précipitant devant sa sœur.
Les alvéoles pourpres de l'extraterrestre lâchèrent un profond soupir :
– Bien... Il va falloir vous persuader...
Il fit un signe de tête à son compère.
Morggul bondit dans la pièce à une vitesse étonnante et s'empara de Brenda.
– Non ! Lâche-moi ! cria-t-elle, terrorisée.
Ses jambes gigotaient dans le vide.
– Nathan ! Lindy ! Au secours ! gémit Brenda.
Nathan s'élança à son aide, mais le tentacule de Gobbul fendit les airs et s'enroula autour de sa gorge. Étranglé, Nathan stoppa net.
– Arrêtez ! hurla Lindy, au bord des larmes.
– Vous allez nous suivre calmement tous les deux, déclara Gobbul.
Il se tourna vers son compère :
– Vas-y. Mange la petite.
Les bouches de l'extraterrestre se mirent à saliver de gourmandise et une gelée visqueuse tomba sur le tapis :
– Mm, bonne viande...
– Garde-moi une cuisse, avertit Gobbul. Tu sais que j'adore ça.
Brenda continuait de se débattre en hurlant, alors

que Morggul l'entraînait inexorablement vers ses bouches béantes.
– Non ! hurla Nathan. Par pitié !
– Ne la mangez pas ! supplia Lindy. On va vous suivre, c'est promis ! Laissez-la tranquille !
La face hideuse de Gobbul se tordit en un rictus mauvais.
– Trop tard ! ricana-t-il.

# 20

L'intérieur du vaisseau extraterrestre était tapissé d'une sorte de métal brillant, si lumineux que Nathan et Lindy étaient aveuglés.

Nathan examina les parages, sa main en visière. Il aperçut des dizaines de compartiments en forme de nids d'abeille.

Jetés sans ménagement par Gobbul et Morggul dans cette cage aux barreaux scintillants, les enfants avaient entendu le cliquetis d'un verrou.

– Ils nous enferment comme des animaux, chuchota Lindy.

Les deux extraterrestres disparurent dans un passage coulissant. Nathan et Lindy s'adossèrent aux barreaux, attendant que leurs yeux s'accoutument à la lumière.

– Le vaisseau va bientôt décoller, soupira Lindy. Nous ne verrons plus jamais papa et maman, Brenda et nos amis… Plus personne !

Elle se mit à sangloter. Nathan la prit par l'épaule :

– On a au moins réussi à sauver Brenda.
– Cette chose repoussante avait déjà englouti sa tête, frissonna-t-elle en revivant la scène. Une seconde de plus et…
– Il l'aurait décapitée comme cet oiseau, dit Nathan. Heureusement qu'on les a suppliés.
Lindy poussa un grognement :
– J'en étais malade. Quand j'ai vu qu'elle était couverte de gelée… ses pauvres cheveux tout poisseux…
– N'y pense plus, l'interrompit Nathan. Elle va bien. Il faut songer à nous maintenant.
– Tu as raison, fit Lindy en agrippant les barreaux. Qu'est-ce qu'on va devenir ?
– Il faut trouver très vite un moyen de fuir, chuchota Nathan. Si le vaisseau décolle, on ne pourra plus jamais revenir.
Il regarda autour de lui.
– Je n'arrive pas à voir où se trouve la porte, paniqua-t-il.
Il effleura les barreaux et découvrit bientôt une légère rainure :
– Attends ! Elle est là !
Il tenta de la pousser, de la tirer, de la faire glisser. En vain.
– Je n'y arrive pas, soupira-t-il.
– Peut-être qu'à nous deux…
– C'est du métal. Et il y a un système de verrouillage, mais je ne sais pas où il se trouve.
– On va le découvrir ! s'écria Lindy. On est des génies, après tout !

– Oui, approuva Nathan. On va trouver comment on sort de cette cage !
Gobbul vint bientôt se poster devant les barreaux.
– Nous allons décoller, annonça-t-il. Restez calmes et ne parlez pas si fort. On vous surveille depuis la cabine.
– Laissez-nous partir, supplia Lindy. S'il vous plaît !
– On va faire de mauvais esclaves, cria Nathan. Votre empereur sera très déçu. On peut être insupportables, vous savez !
Mais Gobbul s'était déjà retiré dans le poste de pilotage. Plaqués contre les barreaux de leur cage, Nathan et Lindy poussèrent un soupir de déception.
– C'est tout ce qu'on a trouvé comme arguments, soupira Nathan. C'est plutôt léger.
– Réfléchissons, le pressa Lindy. Nous sommes des génies. Faisons travailler notre cerveau.
Nathan la contempla un long moment :
– Oui... notre cerveau. C'est pour ça qu'ils nous enlèvent !
Lindy hocha lentement la tête.
Ils demeurèrent silencieux, chacun plongé dans ses pensées.
– Je sèche, fit Nathan en secouant la tête. Je n'ai plus la moindre idée.
– Moi non plus, avoua Lindy. J'ai le cerveau embrumé.
Nathan ôta ses lunettes et regarda sa sœur :
– Moi aussi... On dirait que leur potion ne fait plus d'effet !

Soudain, le vaisseau se mit à vibrer, et les enfants durent se retenir aux barreaux de la cage pour ne pas tomber. Un grondement sourd montait du sol.

– On décolle ! s'alarma Nathan.

# 21

– Il faudra ruser quand on sera sur place, dit Lindy d'une voix tremblante. On devra les convaincre de nous ramener sur Terre.
– Comment ? répondit Nathan en posant sa tête contre les barreaux. Je n'arrive plus à réfléchir.
– Moi non plus, chuchota Lindy. C'est peut-être la peur. On devrait se calmer.
– Ils sont sûrs de ramener des génies, reprit Nathan. Qu'est-ce qu'ils feront s'ils s'aperçoivent qu'on ne l'est plus ?
Soudain, Morggul revint devant leur cage. Sa peau verdâtre avait des reflets mouillés sous la lumière.
– On vous a entendus, grogna-t-il. N'essayez pas de nous bluffer ! Notre activateur est le meilleur de la galaxie. Ses effets sont permanents !
– Pourtant, il ne marche plus ! cria Nathan.
– Silence, esclave ! Je ne te crois pas.
Il jeta dans la cage une liasse de papiers. Nathan les ramassa.

– Qu'est-ce que c'est ?
– Des mots croisés, répondit Morggul. Le voyage est long et vous devez faire fonctionner vos méninges.
– Comment savez-vous qu'on aime les mots croisés ?
– Nous avons eu le temps de vous observer…
Il leur tendit une poignée de crayons.
– Occupez-vous l'esprit. Notre empereur aime les esclaves qui réfléchissent vite.
– Vous faites une grosse erreur, intervint Lindy. On ne sera bons à rien.
Morggul ne répondit pas et retourna dans la cabine.
– C'est inutile, gémit Nathan. Il refuse de croire que les effets de sa potion ont disparu.
– Qu'allons-nous faire ?
Nathan poussa un profond soupir et baissa les yeux sur la première grille de mots croisés. Il lut une définition à haute voix pour Lindy.
– Le contraire de retour… En cinq lettres.
Lindy se gratta le front :
– Mmm… C'est quoi, la définition ? Je l'ai oubliée.
Nathan la donna à nouveau :
– Le contraire de retour… C'est dur.
– Essaie une autre, suggéra Lindy.
– Ronronne quand il est content. En quatre lettres.
Ils réfléchirent tous les deux en silence.
– Essaie Chien, dit Lindy finalement.
Nathan abaissa son crayon et hésita.
– J'écris dans les cases blanches ou dans les noires ?
– Dans les blanches, non ?
– Ce crayon ne marche pas ! s'énerva Nathan.

– Tu le tiens à l'envers, remarqua Lindy. Tu essaies d'écrire avec la gomme.
– Vraiment ?
Nathan contempla le crayon comme s'il en voyait un pour la première fois :
– C'est quoi, une gomme ?
Nathan et Lindy échangèrent un regard effaré.
– On est stupides ! s'alarma Nathan.
– Oui, fit Lindy en tremblant. L'activateur ne marche plus, et on est plus bêtes qu'avant.
Nathan secoua la tête, vaincu.
– On ne pourra jamais s'échapper, gémit-il.
Lindy déglutit avec peine :
– Je ne sais même pas si on pourra survivre…

# 22

Nathan et Lindy étaient assis par terre et contemplaient le sol d'un air hagard quand Gobbul et Morggul réapparurent devant leur cage.
– Nous sommes arrivés, annonça Gobbul.
Nathan et Lindy secouèrent la tête comme s'ils se réveillaient d'un long sommeil.
– Je n'ai pas senti l'atterrissage, murmura Lindy. Je n'ai rien entendu.
– Le voyage a été long ? demanda Nathan. J'ai perdu la notion du temps.
Lindy consulta sa montre et se tourna vers son frère :
– Je sais qu'on peut lire l'heure avec ce truc, mais j'ai oublié comment ça marche.
Nathan lui saisit le poignet et examina la montre.
– Quelle aiguille indique les heures ? Je ne me souviens plus…
– Ça suffit ! s'impatienta Gobbul. Vous ne nous aurez pas comme ça ! Nous savons que vous êtes intelligents.

Il pressa un tentacule contre les barreaux de la cage. Un déclic se fit entendre, et la porte de la cage coulissa avec un léger chuintement.
Les deux extraterrestres respiraient fort et les alvéoles de leurs tentacules palpitaient rapidement.
– Quel plaisir d'être à nouveau chez soi ! s'exclama Morggul.
– J'ai hâte de vous présenter à notre empereur, annonça son compère.
– Moi aussi, j'ai hâte de le rencontrer, répondit gentiment Nathan.
Il fronça les sourcils et demanda :
– C'est quoi, déjà, un empereur ?
Lindy se gratta le front :
– Je l'ai su pourtant…
– Assez plaisanté ! trancha Gobbul. Suivez-nous. Le vaisseau est posé derrière le palais impérial.
– Derrière ? reprit Nathan. C'est où ?
– Silence ! gronda Morggul. Les esclaves ne parlent que quand on le leur commande !
– Mais… On va faire quoi ? s'inquiéta Lindy d'une voix tremblante.
– En tant qu'esclaves personnels de l'empereur, vous serez chargés d'effectuer ses calculs, répondit Gobbul. Vous devrez résoudre ses problèmes mathématiques.
– Des maths ? Ça veut dire des chiffres ? demanda Lindy.
– Bien sûr !
Lindy se pencha vers Nathan et chuchota, effarée :

– On est trop bêtes pour faire des calculs !
– Chuut ! lui intima Nathan. On fera semblant…
Gobbul se tourna vers son compère :
– Ils se comportent bizarrement, tu ne trouves pas ?
– C'est la peur, déclara Morggul. Nous savons qu'ils sont doués. Et l'empereur s'en rendra compte bientôt…
Il s'approcha de Nathan et Lindy et referma un collier d'acier autour de leur cou.
– Ce sont vos traducteurs, dit-il. Ils vous aideront à comprendre notre langue.
– Suivez-nous maintenant, les pressa Gobbul. Vous devez d'abord passer en salle de décontamination.
– En salle de quoi ? s'exclama Nathan.
Les extraterrestres quittèrent le vaisseau et s'engagèrent dans un long couloir scintillant d'un éclat métallique. Comme dans le vaisseau, la lumière y était aveuglante.
L'écho de leurs pas résonnait contre les parois. Nathan et Lindy devaient presque courir pour suivre les extraterrestres.
Ils arrivèrent bientôt devant une lourde porte à deux battants, qui s'effacèrent en silence. Ils entrèrent dans une cabine argentée.
– Cet ascenseur va nous conduire en salle de décontamination, leur apprit Gobbul. Vous êtes des esclaves, alors silence !
Les portes se refermèrent et Nathan sentit la poussée de la cabine qui s'élevait à une vitesse incroyable.
– Ils n'en croiront pas leurs yeux quand ils les

verront, ricana Morggul. Seulement deux jambes et une seule bouche !

– C'est vrai qu'ils sont repoussants, admit Gobbul. Mais ils feront d'excellents serviteurs.

Les portes de l'ascenseur s'ouvrirent finalement. Tremblant de peur, Nathan et Lindy suivirent les extraterrestres dans un autre couloir, encore plus lumineux que le précédent. La lumière venait de partout, et ils devaient plisser les yeux.

La panique saisit Nathan quand il crut recevoir une décharge électrique qui lui coupa le souffle.

« On est sur une autre planète, se dit-il. On a été enlevés pour devenir des esclaves. »

La luminosité gommait les contours du couloir, et le garçon avait l'impression d'avancer dans un rêve. Mais la peur qui lui tordait le ventre lui rappelait que le cauchemar était bien réel.

Le corridor déboucha sur une vaste salle entourée de centaines de cubes empilés. Étaient-ce des portes ? Des fenêtres ?

De longs tentacules jaillirent de certains blocs, leurs alvéoles palpitant en cadence.

– Quelle horreur ! Les murs sont vivants, chuchota Nathan à sa sœur.

Elle contemplait, effarée, les tentacules qui formaient à présent une masse grouillante sur les parois.

– Pourquoi font-ils ça ? bafouilla-t-elle. Ils vivent là-dedans ?

Un groupe d'extraterrestres arrivait dans leur direction. Ils eurent un mouvement de recul en

apercevant Nathan et Lindy. Les enfants allaient pouvoir tester leurs traducteurs.
– Qu'est-ce que c'est ? s'alarma l'un d'eux.
– Ce sont des humains, répondit Gobbul.
– Beuh !
– Ils sont trop moches, commenta un autre avec dégoût.
Gobbul poussa sans ménagement ses deux prisonniers, qui avaient suivi cet échange et qui tremblaient de peur.
– Allez ! Ne faites pas attendre l'empereur !
Ils longèrent d'autres couloirs aux murs grouillant de tentacules.
Une étrange musique leur parvenait, comme un bourdonnement d'abeilles.
– C'est ici ! annonça soudain Gobbul. Prenez à droite.
Nathan s'arrêta et regarda autour de lui.
– C'est où, à droite ?
Lindy regarda ses mains.
– L'une est la droite, l'autre est la gauche, murmura-t-elle. Mais comment on fait pour s'en souvenir ?
– Arrêtez ! Ça ne marche pas ! pesta Gobbul en les poussant dans un vaste laboratoire.
De longues tables métalliques en occupaient le centre. Des extraterrestres s'affairaient autour d'une machinerie complexe qui couvrait les murs, leurs tentacules pianotant sur des claviers ou pressant des boutons. D'autres glissaient sur des passerelles qui enjambaient la salle. L'espace semblait se prolonger

sur des kilomètres. Les appareils émettaient des bruits et des sifflements étranges.
Gobbul se dirigea vers un extraterrestre doté lui aussi de longues défenses. Il s'adressa à lui en désignant ses prisonniers.
– L'empereur attend ses nouveaux esclaves, dit-il. Il faut les décontaminer avant qu'ils soient mis en sa présence.
Deux extraterrestres sortirent de longs tubes du mur. Nathan et Lindy sursautèrent. Les tubes ressemblaient à des tuyaux d'incendie terminés par un embout métallique en forme de tétine.
– Qu… qu'allez-vous faire avec ça ? bredouilla Nathan d'une voix tremblante.
– On va vous nettoyer de l'intérieur, répondit Gobbul, tandis que les deux autres s'approchaient avec leurs tuyaux.
– Ouvrez la bouche ! ordonna Morggul.
Nathan sursauta et contempla d'un air effaré les embouts de métal.
– Vous allez les enfoncer dans notre gorge ?
– C'est un peu gênant au début, répondit Gobbul. Mais on s'habitue au bout d'une heure ou deux…

# 23

– Noon ! hurla Nathan.
La créature s'avançait avec son tuyau. L'extrémité scintilla à la lumière.
– On va s'étouffer ! cria Nathan.
Il saisit sa sœur par le bras et l'attira en arrière. Avant même de réaliser ce qu'ils faisaient, ils couraient dans le laboratoire, se faufilant entre les tables de travail et les extraterrestres surpris.
Aussitôt, une sirène retentit et les créatures les désignèrent depuis la passerelle. Nathan risqua un coup d'œil derrière lui. Gobbul et Morggul les avaient pris en chasse.
Il poussa Lindy vers un mur scintillant.
– Où allons-nous ? demanda-t-elle, haletante.
– Je ne sais pas ! répondit Nathan. Je n'y vois plus rien !
Nathan poussa un hurlement strident en heurtant la paroi.
Il sentit aussitôt une chose qui s'enroulait autour de

sa jambe. Qu'est-ce que c'était ? Une corde ? Un serpent ? Une autre vint se refermer autour de lui. Il cria et se débattit avec rage. Mais c'était inutile. Nathan se tourna vers sa sœur et vit qu'elle aussi était plaquée à la paroi, retenue par de longs tentacules verdâtres.

Les tentacules jaillissaient de la muraille en claquant comme des fouets. Ils s'enroulaient autour d'eux, leurs alvéoles pourpres palpitant nerveusement.

Gobbul et Morggul les rejoignirent bientôt. Ils étaient furieux et tressautaient sur place.

– Vous n'échapperez pas à la décontamination ! grogna Gobbul en agitant ses tentacules. Où pensiez-vous fuir ?

Morggul glousssa d'une manière immonde :

– La route est longue pour rentrer chez vous !

Gobbul se retourna vers le fond du laboratoire :

– Préparez les sondes ! lança-t-il d'une voix forte.

Deux grands extraterrestres pourvus de longues défenses les emportèrent jusqu'à la salle de décontamination. Deux autres les attendaient. Ils tirèrent sur les tuyaux pour les approcher du visage des enfants.

Tous les extraterrestres cessèrent leur activité ; le silence tomba sur le laboratoire. On n'entendait plus que l'étrange bourdonnement des machines.

« On est perdus ! » songea Nathan.

Lindy éclata en sanglots.

L'extraterrestre pressa la sonde contre la bouche de Nathan.

– Ouvre-la en grand ! ordonna-t-il.
L'embout de métal était glacé. Il s'enfonçait dans la gorge de Nathan et l'étouffait.
– Envoyez le jet d'acide ! cria alors Gobbul.

# 24

« De l'acide ? » s'affola Nathan. La panique le submergea, et il faillit s'évanouir. Il entendit un grondement sourd et l'embout métallique se mit à vibrer. Le tuyau se remplissait. Il ferma les yeux, s'attendant à subir la brûlure de l'acide… quand une voix tonnante résonna dans le vaste laboratoire :

– Où sont mes nouveaux esclaves ?

Nathan ouvrit les yeux en sentant qu'on retirait l'embout de sa gorge.

– Ils sont en cours de décontamination, répondit Gobbul.

Il s'adressait à un haut-parleur sur le mur.

– Annulez la procédure ! Je veux les voir maintenant !

– On est sauvés, chuchota Lindy.

– Pour combien de temps ? répondit Nathan avec un soupir résigné.

Les appartements de l'empereur étaient baignés d'une lumière blanche plus étincelante encore que

dans le reste du palais. En pénétrant à l'intérieur, les enfants poussèrent un cri de douleur et se masquèrent le visage avec le bras. Il leur fallut attendre quelques minutes pour que leurs yeux s'habituent à la luminosité.
Quand finalement ils purent observer les lieux, ils constatèrent qu'ils étaient entourés d'une foule d'extraterrestres. Il y en avait de très grands, avec des défenses, et d'autres, plus petits et grassouillets, recouverts d'une gelée luisante et translucide. La foule les désignait de ses tentacules et un murmure étonné montait de l'assemblée.
Nathan se rapprocha de sa sœur, qui baissait la tête en gémissant. Il regarda les murs scintillants, les colonnes argentées soutenant une coupole qui semblait tapissée de diamants.
Alors il aperçut l'empereur, assis sur un trône d'argent.
On ne pouvait pas se tromper. Il était plus grand que les autres, et la gelée translucide scintillait à la surface de son corps vert émeraude. Ses défenses, longues de près d'un mètre, se recourbaient en spirale.
Nathan remarqua la couronne argentée qui ornait sa tête. L'empereur secoua la tête, et le garçon comprit que la couronne faisait partie de son crâne !
Le trône impérial était flanqué de deux gardes à la mine farouche. Ils étaient armés de longs tubes étincelants et surveillaient attentivement la foule.
Nathan saisit la main de sa sœur. Elle était glacée et tremblait légèrement.

Gobbul et Morggul s'avancèrent vers le trône en poussant Nathan et Lindy devant eux. Les deux bouches de Gobbul arboraient un sourire satisfait. Il se pencha pour saluer son empereur, et Morggul fit une curieuse révérence.
– Voici vos esclaves humains, votre Infinie Grandeur, annonça Gobbul.
Les yeux globuleux de l'empereur s'agrandirent quand il les posa sur Nathan et Lindy.
Des chuchotements s'élevèrent à nouveau au sein de l'assemblée.
« Ils nous épient comme des bêtes curieuses, pensa Nathan avec un frisson d'angoisse. Nous ne sommes que des monstres pour eux. »
– Ils ne sont pas très beaux, commenta l'empereur. J'espère au moins que l'activateur a fonctionné et qu'ils sont intelligents.
– Je vais vous le prouver tout de suite, votre Infinie Grandeur, répondit Gobbul d'une voix doucereuse.
Il se tourna vers ses prisonniers et commença :
– Regardez derrière vous…
Nathan le coupa :
– Derrière ? C'est par où ?
Lindy secoua la tête :
– Qu'est-ce qu'il veut ?
– Derrière vous ! Derrière ! s'impatienta Gobbul.
Nathan avança et Lindy se retourna vers lui. Ils se cognèrent l'un à l'autre.
– Ouille ! fit Lindy.
– C'EST UNE PLAISANTERIE ! tonna l'empereur.

Il lécha ses longues défenses recourbées et toisa Gobbul d'un air furieux.
– Ce n'est rien, les humains sont très joueurs, intervint Gobbul avec un sourire forcé.
– Tu prétendais les avoir rendus intelligents ! gronda l'empereur.
– C'est vrai, votre Infinie Grandeur. Ils sont même géniaux !
La sueur qui s'écoulait de son corps verdâtre formait une flaque à ses pieds.
– Géniaux ? répéta Nathan en se grattant le crâne.
Il regarda sa sœur :
– C'est une insulte ?
– Chuut ! fit-elle. Ils ne doivent pas savoir qu'on est encore plus bêtes qu'avant.
– COMMENT ? hurla l'empereur d'une voix qui résonna en écho sur les murs scintillants.
Des murmures et des chuchotements craintifs parcoururent la foule des courtisans.
– Je n'y peux rien si je suis stupide ! protesta Nathan.
– Moi non plus, répliqua-t-elle. Mais on doit faire semblant.
– De toute façon, je suis deux fois plus bête que toi, affirma Nathan.
– Deux fois ? reprit Lindy. Ça fait combien ?
– ASSEZ ! explosa l'empereur.
Il tendit ses tentacules vers Gobbul et son compère :
– VOUS AVEZ TROMPÉ MA CONFIANCE ! CES HUMAINS SONT COMPLÈTEMENT ABRUTIS !
– Non ! protesta Gobbul.

Mais l'empereur en avait assez vu. Il aboya un ordre, et les deux gardes brandirent leurs tubes blancs.
Deux éclairs étincelants traversèrent la pièce. Gobbul et Morggul se figèrent instantanément, parcourus par une vague lumineuse.
Nathan poussa un cri effrayé en voyant les deux extraterrestres fondre peu à peu et se transformer en un petit tas de gelée.
Quelques secondes plus tard, il ne restait plus rien d'eux.
L'empereur agita furieusement ses tentacules :
– DÉBARRASSEZ-MOI DE CES HORREURS !

# 25

– Noon ! hurlèrent les enfants.
Nathan se jeta sur sa sœur pour la plaquer au sol.
Dans la seconde qui suivit, deux éclairs blancs fendirent l'air au-dessus de leurs têtes.
Nathan se releva le premier. Il tira Lindy par la main, jetant un regard affolé sur les environs, à la recherche d'un endroit où fuir.
Il n'y avait aucune issue !
« Si on fonce dans la foule, on sera capturés. Et si on reste ici… »
– Plonge ! cria-t-il.
Deux nouveaux éclairs traversèrent la salle. À leur passage, Nathan sentit la morsure de la fournaise sur son épaule.
– Par là ! s'écria Lindy.
Elle s'élança éperdument vers le trône.
Les gardes brandirent à nouveau leurs armes. Alors Nathan fonça derrière sa sœur.
L'empereur se mit à agiter frénétiquement ses

tentacules, ses bouches tordues en une grimace outragée.

Nathan et Lindy contournèrent le trône à l'instant où une nouvelle rafale d'éclairs explosait dans la pièce. Protégés par l'estrade, ils cherchèrent une issue… et virent une porte ouverte dans le mur du fond.

– On y va ? hésita Nathan.

– Il faut essayer ! lança Lindy dans un souffle.

Baissant la tête, ils s'élancèrent à toute allure. Ils couraient en zigzag pour éviter le tir nourri des éclairs.

Des cris rageurs et des hurlement retentirent dans leur dos. L'empereur et sa cour les poursuivaient.

Nathan et Lindy s'engouffrèrent ensemble dans l'ouverture.

Nathan poussa un cri désespéré et stoppa net. Lindy, qui ne s'était pas arrêtée à temps, heurta violemment une paroi.

– C'est un placard ! gémit Nathan.

– On est piégés ! hurla Lindy. Demi-tour !

Trop tard… La silhouette massive de l'empereur leur bloquait le passage. Il les toisa d'un air victorieux.

– Laissez-nous partir ! supplia Lindy.

L'empereur rejeta la tête en arrière :

– Accordé ! ricana-t-il. Vous pouvez partir…

Sur ces mots, il étendit un tentacule vers un levier et le plancher bascula.

– Noon ! hurla Nathan en sentant le sol se dérober sous ses pieds.

Ils chutèrent dans le vide.

# 26

Ils tombaient de plus en plus vite. Leurs cris se répercutèrent en écho sur les parois sombres. Soudain, ils plongèrent dans une zone de lumière.
Quelques secondes plus tard, ils atterrissaient lourdement sur un sol en métal lumineux. Des barreaux s'élevèrent autour d'eux et ils perçurent le cliquetis d'un verrou qui se referme.
Le cœur battant à tout rompre, Nathan se redressa en gémissant et tenta de percevoir quelque chose dans la lumière aveuglante.
– Où sommes-nous ? demanda sa sœur dans un murmure.
Nathan secoua la tête pour chasser l'affreuse sensation de chute qu'il venait de vivre.
Tout à coup, un grondement remplit la pièce et le sol se mit à vibrer.
Il se tourna vers sa sœur :
– On est de retour dans le vaisseau ! J'ai l'impression qu'on décolle.

Lindy ravala ses larmes.
– Tu crois qu'ils nous renvoient sur terre ? gémit-elle.

Deux jours plus tard, Lindy et Nathan rendaient visite à leur oncle Franck. Ils tentèrent de lui décrire ce qu'ils avaient vécu. Ils parlaient tous les deux en même temps, sans s'interrompre une seconde.
– Doucement, doucement ! fit leur oncle. Parlez l'un après l'autre.
Il se pencha vers eux et les étreignit pour la vingtième fois depuis leur arrivée :
– Je suis tellement heureux de vous revoir ! Jenny et moi avons pris le premier vol partant de Suède quand nous avons appris votre disparition.
– Je croyais ne jamais revoir la maison ! s'exclama Lindy.
– Ils ne voulaient plus de nous, expliqua Nathan. On n'était plus assez intelligents pour eux, alors ils nous ont renvoyés.
L'oncle Franck les regarda longuement tour à tour.
– Ainsi, vous êtes d'abord devenus géniaux, et puis les effets ont disparu ?
– C'est ça ! répondirent en chœur Nathan et Lindy.
– On est même devenus beaucoup plus bêtes qu'avant, reprit Nathan. Mais ça c'est arrangé sur le chemin du retour.
L'oncle se redressa en frappant des mains :
– C'est fantastique ! Il faut appeler les médias ! C'est une aventure extraordinaire !

– Surtout pas ! crièrent les enfants.
– Pourquoi ?
– On veut juste être comme tout le monde, plaida Nathan. On ne veut plus être pris pour des monstres. On ne veut plus que les gens nous regardent comme des bêtes curieuses.
– Nathan a raison, ajouta Lindy. Moi, je veux revoir mes copines et retourner à l'école comme avant. Personne ne doit savoir qu'on a été enlevés par des extraterrestres. Les parents sont d'accord avec nous.
L'oncle Franck se gratta le menton d'un air pensif.
– Je vous comprends, dit-il.
Il reporta son attention sur le tableau noir, couvert de chiffres et de symboles.
– Maintenant que je sais que vous allez bien, je vais peut-être pouvoir enfin résoudre cette impossible équation.
Il secoua la tête avec un profond soupir. À ce moment-là, le bruit strident du sifflet de la bouilloire retentit dans la cuisine.
– Ne bougez pas, leur dit-il en s'y dirigeant. Je reviens avec le chocolat chaud !
Nathan s'approcha du tableau et étudia l'équation pendant quelques secondes. Il s'empara d'une craie et traça quelques suites mathématiques.
– Voilà, conclut-il. C'est résolu.
– Efface ça vite ! s'alarma Lindy.
Elle bondit de son siège et lui fourra une éponge dans la main.
– Vite ! le pressa-t-elle. Personne ne doit savoir, tu

as compris ? Tout le monde doit croire qu'on est redevenus normaux.

– Je sais, je sais, grogna Nathan en essuyant ses calculs. Mais c'est plus fort que moi. Je ne peux pas empêcher mon cerveau de fonctionner à toute allure.

Il se pencha vers sa sœur et chuchota :

– J'ai eu du mal à jouer les idiots !

– Notre ruse a marché, en tout cas, répondit Lindy. Mais, maintenant, on doit faire très attention. Si on veut vivre normalement, personne ne doit savoir qu'on est les plus intelligents du monde.

Lorsque leur oncle Franck arriva avec un plateau, Nathan et Lindy avaient regagné leurs places. Il leur tendit à chacun un bol de chocolat fumant.

– Et toi, qu'est-ce que tu bois ? demanda Nathan en avisant le verre de son oncle.

– Ça ? fit-il avec un sourire complice. C'est du jus de raisin. Le même que celui que je vous avais donné. J'en bois huit verres par jour. Ça ne peut pas faire de mal !

FIN

EXTRAIT

Et pour avoir
encore la

Chair de poule®

lis
ces quelques pages de

**SOUS L'ŒIL DE L'ÉCORCHEUR**

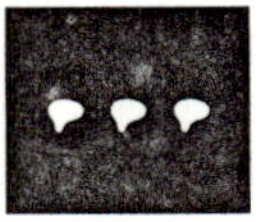

– Aaaaah ! Laissez-moi partir !

Je réussis à me dégager, et me mis à écraser les mouches. Je me frottai les bras frénétiquement, mais les insectes continuaient de me piquer. J'agitai les bras comme un fou.

– Enlevez-les de là ! hurlai-je. Enlevez-les, enlevez-les, bon sang !

Quelqu'un m'agrippa fermement l'épaule :

– Tout va bien, Dustin, tout va bien.

J'ouvris les yeux. Maman, penchée au-dessus de moi, tentait de me réveiller.

– Tu as fait un mauvais rêve, dit-elle doucement.

– Ce n'était pas un rêve, criai-je en me redressant, c'était un cauchemar. Un horrible cauchemar ! J'ai vu le chauffeur du car, il était couvert de mouches !

Maman s'assit sur mon lit :

– Dustin, tu fais des cauchemars à propos de tout et n'importe quoi. Il faut que tu te calmes un peu et que tu te raisonnes.
– Mais je ne fais pas exprès. Je suis comme ça, c'est tout !
– Eh bien, voilà une bonne occasion pour changer ça. Tu vas dans une super colo, avec des jeunes que tu ne connais pas. Essaie d'être différent, plus courageux. Le courage, ce n'est qu'une question de volonté, déclara-t-elle.
– Oui, bien sûr, murmurai-je, les essaims de mouches toujours à l'esprit.

« Quelqu'un d'autre, quelqu'un de courageux, marmonnai-je quand le car arriva devant la maison. Je vais être différent, moins peureux. »
Le car s'arrêta au bord du trottoir. Lorsque les portes s'ouvrirent, je me souvins de mon cauchemar. Je retins ma respiration jusqu'à ce que je puisse apercevoir la tête du chauffeur.
C'était un homme, qui portait un jean et un T-shirt avec l'inscription en jaune « Colonie de la Pleine lune ». J'examinai son visage, ses cheveux blonds, et enfin ses mains : pas le moindre insecte. Je lâchai un soupir de soulagement.
– Monte donc, dit-il avec un grand sourire.
Il chargea mes affaires, et le car se mit en marche.

Il était bondé d'enfants qui rigolaient entre eux. Beaucoup semblaient déjà se connaître. Je me dirigeai au fond pour m'asseoir et étudier tous ces inconnus. Je me demandais déjà si l'un d'entre eux accepterait de devenir un copain…

– On a encore quelqu'un à prendre, et puis direction la colo de la Pleine lune ! annonça le chauffeur.

Tout le monde applaudit.

Un peu plus loin, le car stoppa, les portes s'ouvrirent pour laisser monter un garçon d'environ douze ans. Il portait un short kaki, un T-shirt noir et des baskets noires.

Ses cheveux disparaissaient sous une casquette de base-ball, qu'il portait à l'envers. Son visage était couvert de taches de rousseur, il avait de grands yeux verts. Il avait à peu près mon âge, et devait aussi faire le même poids que moi. Mais lui, il était bien musclé.

Il vint s'asseoir à côté de moi.

– Salut, je m'appelle Ari Davis, me dit-il.

– Moi, c'est Dustin Minium.

Nous commençâmes à discuter. Il avait l'air vraiment sympa. Il faisait du sport, ce qui expliquait son physique d'athlète. C'était la première fois qu'il venait à la colo de la Pleine lune, tout comme moi.

– Tu sais, je suis très fort en blagues, m'annonça-t-il au bout d'un moment.

Et il me débita une série d'histoires drôles.
Ses blagues n'étaient pas fameuses, mais je ris quand même. Ça avait l'air de lui faire plaisir de me les raconter.
– Ça t'arrive de faire des farces ? demanda-t-il en ôtant sa casquette.
– Non, jamais, avouai-je.
– Tu ne sais pas ce que tu perds ! Moi, je passe ma vie à en inventer. J'en ai fait une super bonne l'autre jour au collège : j'ai enlevé les charnières de l'armoire à fournitures dans la salle d'arts plastiques. Quand le prof a voulu ouvrir la porte, elle lui est restée dans la main ! s'esclaffa-t-il.
J'éclatai de rire avec lui.
– Tu as dû avoir des problèmes !
– Non, pas cette fois. Mais une autre fois, je me suis fait prendre : j'avais mis de la glu sur le tiroir du bureau du prof, il ne pouvait plus l'ouvrir, tu imagines !
Je regardai par la vitre. Nous étions en rase campagne. Nous roulions depuis au moins deux heures ; je n'avais pas vu le temps passer et ne me souciais plus de la colo. Les blagues d'Ari m'avaient remonté le moral.
– Hé, j'ai une idée, me dit Ari alors que le chauffeur annonçait qu'on allait bientôt arriver. Si on faisait une farce aux animateurs ?

– Quel genre de farce ?
– On pourrait échanger nos identités. Tu seras moi, et je serai toi. Ça sera marrant de tromper tout le monde !
– Je ne sais pas si c'est une bonne idée…, répondis-je d'une petite voix.
– Allez, on va bien rigoler ! insista Ari en me pinçant gentiment le bras.
« Attends une minute, me dis-je. Après tout, ce n'est peut-être pas une si mauvaise idée : maman m'a dit d'essayer d'être différent, plus courageux. Peut-être qu'en prétendant être quelqu'un d'autre, je réussirai à être différent ! »
– D'accord, fis-je, soudain excité par sa proposition.
Nous eûmes juste le temps d'échanger nos blousons et nos sacs avant que le car s'engage dans une allée bordée d'arbres, sur une colline verdoyante.
– Nous y sommes, lança le chauffeur. Terminus : colonie de la Pleine lune, tout le monde descend !
En quittant le car, Ari me donna sa casquette, et je la mis comme lui, à l'envers.
« Maintenant je suis Ari, pensai-je en descendant les marches. Je suis Ari. Mais est-ce qu'on peut vraiment devenir quelqu'un d'autre ? »

– Jolie casquette, mon garçon !

L'homme qui venait de s'adresser à moi me donna une claque dans le dos qui me fit perdre l'équilibre. Il remit ma casquette à l'endroit, manquant de me dévisser la tête.

– Qui c'est ? murmurai-je à Ari lorsque l'inconnu s'éloigna.

– C'est Oncle Lou, le directeur de la colo. J'ai vu sa photo dans le prospectus.

Oncle Lou avait l'air plus âgé que mon père. Une paire de petites lunettes était posée au milieu de son long nez. Il avait une moustache bien fournie et d'épais sourcils… Son crâne était chauve, mis à part quelques petites touffes au-dessus des oreilles. Il portait le même T-shirt que le chauffeur du car, qui moulait son énorme ventre, un short kaki, et des sandales avec des chaussettes blanches qui lui arrivaient aux genoux. Le bloc-notes qu'il portait autour du cou reposait sur son ventre.

– Bon, écoutez-moi bien, dit-il en haussant la voix. Il y a une place pour chaque chose, et chaque chose doit être à sa place, vous voyez ce que je veux dire ?

Silence général.

– Les anciens de ce côté, les petits nouveaux de l'autre.

– On est quoi, nous ? chuchotai-je à Ari.

– On doit être les « petits nouveaux ».

Alors que tout le monde rejoignait son groupe, je regardai alentour. Non loin s'étendait un lac d'un bleu profond, bordé de petits cabanons de bois peints en vert. Un bateau de plongée était amarré à l'extrémité du lac, et de l'autre côté, six canoës.

Il y avait un bâtiment en dur, sans doute le réfectoire, flanqué d'un terrain de base-ball. Le site était entouré d'une forêt ; sur quelques arbres, on pouvait voir des cibles de fléchettes.

– Suivez-moi, ordonna Oncle Lou en se dirigeant vers le lac.

Le sol était tapissé d'aiguilles de pin qui embaumaient l'air.

Il s'arrêta devant l'alignement de cabanons et commença à nous appeler un par un pour nous distribuer des chambres.

– Celui qui va tomber là n'aura vraiment pas de chance, me dit Ari en désignant un cabanon isolé dans le bois et à moitié effondré.

Les vitres étaient brisées et il manquait quelques planches au toit. Sur un panneau posé de travers on pouvait lire : « Cabanon Cherokee ».

– Dustin Minium, appela le directeur.

J'allais répondre, mais Ari ne m'en laissa pas le temps.

– C'est moi, dit-il en levant le bras.

Oncle Lou vérifia sa liste et désigna le cabanon isolé :

– Cabanon Cherokee.

Ari laissa échapper un grognement.

– Les nouveaux se retrouvent toujours dans ce cabanon, c'est le pire de tous, nous confia un garçon roux.

« C'est bien ma veine, pensai-je, je vais sûrement me retrouver là moi aussi. »

– Peut-être que ce n'est pas si terrible à l'intérieur, avançai-je en regardant le cabanon biscornu.

– Tu rêves ! C'est pire ! renchérit le garçon.

Ari grogna de nouveau.

– Noah Ward ! appela Oncle Lou.

– Cabanon Apache, je parie ? dit le garçon roux.

– Gagné !

– J'en étais sûr, me dit Noah, ça fait tellement longtemps que je viens, c'est normal que j'aie le meilleur

cabanon !
– Ari Davis !
Je levai la main.
– Voyons voir..., dit Oncle Lou en consultant ses fiches. Ah, j'y suis ! Cabanon Apache.
Quoi ? Je n'osais croire à ce que je venais d'entendre.
– Mais comment tu as fait pour avoir le meilleur cabanon ? râla Ari. Tu es nouveau, toi aussi !
– Je... je ne sais pas.
Ari lança un regard envieux en direction du cabanon Apache. C'était le plus proche du réfectoire. Le toit était fraîchement repeint, il y avait même des volets et une petite véranda.
« C'est pas juste pour Ari, me dis-je. J'aurais dû être dans le cabanon Cherokee, comme lui. »
Mais il ne me proposa pas d'arrêter notre jeu, et je ne dis rien non plus.
– Alors, c'est toi, Ari Davis ? s'exclama Noah en me donnant une claque dans le dos. Génial !
Il se tourna vers ses deux copains :
– Ben, Jason ! Eh, les gars ! On a Ari avec nous !
– Super ! dit Ben, un garçon petit et trapu aux cheveux bruns tout frisés. Et il me tapa dans le dos.
– Ari, c'est toi le meilleur ! dit Jason.
Il était bâti comme un basketteur et dépassait tout le monde d'au moins une tête.
– Ari ! Ari ! se mirent à scander les trois garçons.

## EXTRAIT

« Mais qu'est-ce qu'il leur arrive ? » me demandai-je. Décontenancé, je croisai le regard d'Ari, qui n'avait pas l'air content du tout.

J'étais prêt à tout arrêter, aller trouver Oncle Lou et tout lui dire à propos de notre changement d'identité, à Ari et à moi.

– Oncle Lou…, commençai-je en m'approchant de lui.

Mais avant que je réalise ce qui m'arrivait, je me retrouvai hissé sur les épaules de mes nouveaux camarades.

– Ari ! Ari ! criaient-ils.

Ahuri, je me fis porter jusqu'à notre cabanon.

« Mais que se passe-t-il à la fin ? Pourquoi sont-ils si contents de voir Ari ? »

# Chair de poule®

1. La malédiction de la momie
2. La nuit des pantins
3. Dangereuses photos
4. Prisonniers du miroir
5. Méfiez-vous des abeilles
6. La maison des morts
7. Baignade interdite
8. Le fantôme de la plage
9. Les épouvantails de minuit
10. La colo de la peur
11. Le masque hanté
12. Le fantôme de l'auditorium
13. Le loup-garou des marécages
14. Le pantin maléfique
15. L'attaque du mutant
16. Le fantôme d'à côté
17. Sous-sol interdit
18. La tour de la Terreur
19. Leçons de piano et pièges mortels
20. Souhaits dangereux
21. Terreur sous l'évier
22. La colère de la momie
23. Le retour du masque hanté
24. L'horloge maudite
25. Le parc de l'Horreur
26. La fille qui criait au monstre
27. Comment ma tête a rétréci
28. La rue maudite
29. Le fantôme décapité
30. Alerte aux chiens
31. Photos de malheur
32. Les fantômes de la colo
33. La menace de la forêt
34. Comment tuer un monstre
35. Le coup du lapin
36. Jeux de monstres
37. Nuits de cauchemar
38. Des appels monstrueux
39. Le souffle du vampire
40. Les vers contre-attaquent
41. Le mangeur d'hommes
42. La colo de tous les dangers
43. Sang de monstre
44. Abominables bonshommes de neige
45. Danger, chat méchant !
46. La bête de la cave
47. L'école hantée

48. Sang de monstre II
49. Terrible internat
50. La peau du loup-garou
51. Le jumeau diabolique
52. Un film d'horreur
53. L'attaque des spectres
54. La fête infernale
55. L'invasion des extraterrestres I
56. L'invasion des extraterrestres II
57. Le manoir de la terreur
58. Cauchemars en série
59. Ne réveillez pas la momie !
60. Un loup-garou dans la maison
61. La bague maléfique
62. Retour au parc de l'Horreur
63. Concentré de cerveau
64. Sous l'œil de l'écorcheur
65. Halloween, une fête d'enfer
66. Mort de peur
67. La voiture hantée
68. La fièvre de la pleine lune
69. Kidnappés dans l'espace !
70. L'attaque aux œufs de Mars
71. Frissons en eau trouble
72. Les vacances de l'angoisse
73. La nuit des disparitions
74. Le fantôme du miroir

*Hors-série*

L'homme qui donne la chair de poule !

Halloween, le guide pour la fête

La maison du vampire

## Chair de poule. ILLUSTRÉ

101. Les griffes de l'homme-loup
102. La punition de la mort
103. On ne touche pas aux tarentules !
104. L'épouvantail maléfique
105. Le vampire de glace
106. La télécommande diabolique